ALLY《アライ》に
なりたい

わたしが出会った
LGBTQ+の人たち

小島あゆみ

かもがわ出版

はじめに

「え、こんなことってあるの！」

これが、米国サンフランシスコから届いた「結婚式の写真」を見たときの、わたしの第一声でした。キャロルのとなりにいる結婚相手が「同性（女性）」だったからです。彼女は女性と結婚したのです。同性を生涯のパートナーとして選んだのです。

キャロルはわたしが高校生の頃、米国でお世話になったホストシスター。結婚したふたりへのお祝いの気持ちがわきあがったのと同時に、わたしの頭のなかは「？」マークでいっぱいになりました。キャロルはいつから同性を好きになったのだろう？（17歳のときにはボーイフレンドもいたなぁ？）、相手のジェイミーとはどこで知り合ったの？　アメリカでは同性同士で結婚できるの？　子どもはどうするの？　とたくさんの疑問が、驚きとともにうかびました。その頃、わたしにはなんの知識もなく、ＬＧＢＴＱというアルファベットの意味さえ知りませんでした。その後、ＬＧＢＴＱ＋についてわかりやすく書いてある本を読んだり、インターネットのお世話になったりして知識を増やしていきました。また、キャロルたちとの交流を深めるなかで、多くの困難を乗り越えながら、自分たちが望む幸せをつかんでいく彼女たちの人生を知りました。そこには、社会の無理解や偏見に対して、自分たちの道をつらぬく力強い意志と行動力がありました。

＊

最近、日本でも「ＬＧＢＴＱ＋」「性的マイノリティ（性的少数派）」の話題がメディアで取り上げられています。

「ＬＧＢＴＱ＋」は「多様な性」の頭文字を並べたもので、「Ｌ」はレズビアン「女性で女性を好きな人」、「Ｇ」はゲイ「男性で男性を好きな人」、「Ｂ」はバイセクシュアル「同性も異性も好きになる人」、「Ｔ」はトランスジェンダー「からだとこころの性に違和感がある（しっくりこない）人」、「Q」クエスチョニングは「こころの性や好きになる性がハッキリしない、どちらかに決められない、決めたくない人。さらにLGBTQというくくりにあてはまらない、すべての性的マイノリティを含めるためにQ＋」とされています。「LGBTQ＋」「性的マイノリティ」と聞くと、自分とは縁のない「特別な人たち」と考える方も多いかもしれません。

しかし、「LGBTQ＋調査２０２０」（電通）によると日本のLGBTQ＋は人口の８・９％、つまり11人に１人、学校の40人クラスに３人はLGBTQ＋ということになります。自分の学校、塾やクラブチームの仲間、アルバイトの同僚、もしかしたら自分自身のかぞくにも存在する可能性はおおいにあるのです。「自分は当事者です」とカミングアウトして伝えなければ、性的マイノリティは「見えない」ので、誰にも打ち明けられずに悩んでいる人が、あなたのすぐそばにいるかもしれません。そして、なによりこの本を手にとってくれたあなたが当事者かもしれませんよね。

「好きになる」感情について、考えてみたことはありますか。自分が初めて、かぞく以外の誰かを好きになったときのことを思い出してみてください。「誰かを好きになる気持ち」に理由はありません。わきあがってくる自然な感情です。それを誰も否定することはできません。いつからか同性を好きになる自分がいた、自分のこころとからだがフィットしない、また、誰に対しても恋愛感情がないなど、周りの人と違う自分に気づくLGBTQ＋にとっての思春期は、自分の「取り扱い」にとまどう日々となります。誰かを好きになる気持ちは、本来うれしい気持ちのはずなのに、相手が同性というだけでそれが苦しみに変わってしまうのです。自分はLGBTQ＋かもしれないと気づき、自尊感情を持てず、誰にも打ち明けられず、死んでしまいたいと思う子どもが多くいます。そんなときに「ありのままの自分でいいよ、それは自然のことだよ」と伝える人がそばにいたら、どんなに心強くなれるでしょう。

「あの人ってふつうじゃないよね」「なぜふつうにできないの」など、日常よく使われる「ふつう」という言葉に疑問を感じたり、傷ついたりしたことはありませんか。このわかりやすいようで実態のつかめない言葉「ふつう」とはどんな意味なのでしょうか。辞書には「ありふれたもの」「あたりまえであること」「平均的、一般的」といった定義が書いてあります。この「ふつう」という言葉がわかりにくいのは、その人の価値観によって、その意味合いが異なるためです。その人にとっての「あたりまえ」を「ふつう」とするなら、すべての人が「ふつう」であるのは不可能です。

さらに、ひとりひとりは個性を持って生まれた人間であり、「ふつうに」に生きるのは無理な話です。わたしたちは、顔、身長、髪の色、爪の形などの容姿はもちろん、育った環境、考え方もそれぞれ異なります。違いを恐れず、違いを個性として認め合うこと、そして自分の「ふつう」を押しつけず、お互いの違いを尊重し合う態度と行動は、性的マイノリティにかぎらず、だれにとっても生きやすい社会をつくるのではないでしょうか。

＊

わたしがLGBTQ＋について学んでいくなかで、好きになった言葉が「アライ」です。航空会社のグループをアライアンス（Alliance 同盟）と呼ぶことからもわかるように、アライは英語のAllyで、「性的マイノリティの味方、同盟者、支援者」を意味します。アライになることは多様性を認め、差別や偏見に敏感になることでもあります。ここに登場する性的マイノリティのストーリーは、わたしがアメリカと日本で出会った当事者のリアルな声です。この本を読むことで、いま、悩んでいる人の気持ちが少しでもラクになったなら、違いを認め合う関係をつくっていこうと思えたら、そして、アライってかっこいい、アライになりたいと望んでくれたなら、こんなにうれしいことはありません。

小島あゆみ

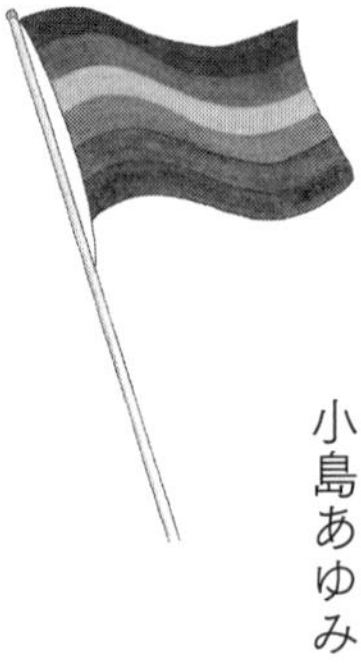

ALLY《アライ》になりたい――わたしが出会ったLGBTQ+の人たち　目次

米国LGBT運動の歴史　32

カミングアウト　43

装幀　土屋みづほ
装画　こじまなおこ

ALLY《アライ》になりたい

——わたしが出会ったLGBTQ+の人たち

A《ア》L《ラ》Y《イ》になったわたしとかぞく

高校時代の留学体験

　わたしが留学したときにお世話になったホストシスター、現在米国サンフランシスコに住むキャロルは、レズビアンです。わたしは高校時代の1年間、交換留学生として、アメリカ東海岸ボストンの北にあるニューハンプシャー州ハンプトンの公立高校に通いました。ここはヨーロッパに近く、英国から初めに独立した13州のひとつで、歴史ある地域です。

ホストファミリーの名はレンセレアー、父母姉妹の４人かぞくです。ホストファザーは航空会社に勤めるパイロット、ホストマザーは専業主婦でした。ふたりの共通の趣味は水上スキー。四季を通じて楽しめる、美しい観光地ウィニペソーキー湖にボートを持っていて、週末になるとサンドイッチやスナック、果物などをたくさん用意して、かぞくで出かけたものでした。また、ボストン交響楽団、バレエ、野外コンサート、ボストン美術館など、歴史と文化にもふれさせてくれました。

　ホストシスターのキャロルは薄茶色の長い髪に青い瞳、ギターも弾けば、ロッククライミングもするという多才な17歳。わたしを通して日本語やその文化を学び、その後、京都に交換留学生として滞在しました。妹のスザーンは、ストレートの金髪にグレーがかった青い瞳を持つ15歳。生徒の多くがハーバード大学に進学する有名な私立高校に通う高校1年生。もの静かで礼儀正しい優しい心の持ち主で、不十分なわたしの英語をいつも助けてくれたものでした。

わたしにとって、留学は夢でしたが、そう簡単なものではなく、思えばそれはマイノリティの体験でもありました。日本にいれば簡単に使えた言葉も不自由になり、できない自分を経験せざるをえませんでした。外国に住むということは、これまで使っていたスキルは通用しないのだと実感しました。留学のはじめの頃、わたしの英語力は準2級程度、準備のため英会話を習ってはいたものの、アメリカ人の英語のスピードになれるのに4か月かかりました。

高校1年生のとき、夏休みに1か月ホームステイした英国の小さな港町では、道を歩いていると、東洋人というだけで汚い言葉や石を投げられるという理不尽な経験もしました。「なぜ、なにも悪いこともしていないのに、変えようがない自分の肌の色で差別を受けるのか」と衝撃を受けました。当時、わたしが通った米国の公立高校の在学生約1200人のほとんどが白人で、黒人は1人、アジア系はわたしを含めて2

人でしたが、幸いここでは、そのようなあからさまな差別はありませんでした。それでも話しかけてくれる人も少なく、友だちになりたくても、言葉が不自由なため、どうしても消極的になってしまいます。とても孤独でもありました。

自分の好みをはっきり伝える文化にも慣れませんでした。日本ではすべてが事前に用意される「定食文化」ですが、ここではドレッシングやトッピングはなにがいいのか、ピザを注文するときも、生地はどのタイプにするのか、具材になにをのせたいかなど細かく聞かれます。アメリカでは自分の好みや意見がないとつまらない人と思われ、イエスとノーをはっきり言わないと、自分がないとバカにされてしまうのです。自分が育った日本文化では、個人より集団の和に価値がおかれる傾向にあり、「違い」より「同じこと」に重きがおかれるため、そのギャップにとまどいました。

この年、わたしと同時期にいたスウェーデンの留学生は、ほぼ完璧に英語をしゃべる優等生、イスラエルの留学生もリスニングはできるようで、つたない英語でも積極的におしゃべりの輪に入っていきます。わたしは、まず相手がなにを言っているかわからないため反応できず、ゆっくり話してもらい2度目、3度目にようやくわかるようなレベルでしたので、それは心細く、情けなく、つらい体験でした。とにかく必死で毎日を過ごしていたのを覚えています。

そんなときでも、投げやりにならず、なんとかしようと行動することで、サポートしてくれる人も現れるものです。それは、ライティングの授業の最後でした。先生がホームワークを出すと言っているのは理解できるのですが、その内容がわかりません。ちょっと勇気を出して、となりに座る女の子にたずねると親切に教えてくれました。このことがきっかけで、ジェニーはわたしの親友になりました。当時、わたしが帰国する直前のサプライズパーティー（お別れ会）は、彼女の家が会場となり、お世話になったホストファミリーをはじめ、友人、先生、そのかぞくなど多くの人が集まってくれました。このお別れ会のために、ジェニーとかぞくがどんなに一生懸命につくしてくれたかと思うと、いまでも感謝の気持ちがあふれます。

さらに、うれしいことにジェニーは結婚してから、日本やフランスからの留学生を受け入れるホストファミリーにもなっていました。異なる国の人を迎え、お世話する彼女とかぞくの寛大で優しい心をとても尊敬しています。

キャロルの結婚式

我が家に2人目の娘が生まれて間もない2001年9月8日、キャロルとジェイミーは結婚式を挙げました。法的な結婚ではありませんでしたが、たくさん招待客の前で結婚を誓いました。

結婚してから1年経った頃、キャロルと電話で話していると彼女が言いました。

「わたしたち子どもをつくる予定なのよ」。

わたしが「え、どんなふうに?」と聞くと、「それはこれから決めるんだけどね。こちらには、同性カップルのためのクラスがあって、子どもをかぞくとして迎える方法を教えてくれるのよ。楽しみにしていてね」とキャロルは言いました。

わたしは「OK」とこたえ、ふたりが望むことが実現するといいなぁとぼんやりと思っていました。同性カップルが子どもを持ってファミリーになるなんて、考えたこともなかったからです。それから2年後、友人でゲイのジョッシュの協力を得て息子のルーワンが生まれます。

その後、わたしも彼女も、仕事と子育ての両立に追われ、電話で話す程度でしたが、ときどき、キャロルが描いた作品やかぞくの写真を送ってくれたり、ホストマザーをとおしてキャロルたちの様子を教えてもらったりしながら、ずっとつながり、お互いにいつか会いたいと願っていました。

アライになるきっかけ

それから15年、2017年の夏、わたしは夫とふたりの娘たちとかぞく旅行に出かけました。まずは、留学していた東海岸を訪れ、その後、西海岸のサンフランシスコに立ち寄る計画を立てました。キャロルのかぞく、ジェイミーとその息子ルーワンに会ってみたかったからです。

当日、ホテルのロビーで、ドキドキしながらその瞬間を待っていました。そこに現れたのはキャロルと息子のルーワン15歳。ティーンエイジャーの頃と変わらない笑顔のキャロルとハグし、長身で笑顔がさわやかなルーワンと握手、夫と娘たちを紹介しました。まもなく、ジェイミーが仕事先から到着、温かい雰囲気の彼女に好感を持ちました。

わたしは後から知ったのですが、レストランに行く途中の道端には路上生活者が多く、夏とはいえジャケットが手放せないサンフランシスコの夜に、地面に座っている姿がありました。そんな人々にジェイミーは優しく声をかけ、小さな空缶にお金を入れていたそうです。その様子に感動した夫がわたしに話してくれました。

レストランに着くと自然にルーワンと娘たちはとなり同士に座り、なにやら英語で会話をすすめていました。日本のアニメが大好きなルーワンはすぐにうちとけ、「NARUTO」と「僕のヒーローアカデミア」がお気に入りと話してくれたそうです。わたしはなつかしさに目をうるませながら、皆が話している様子を見つめたり、キャロルと見つめ合って笑顔、そんなことを繰り返していたように思います。高校生だったふたりがそれぞれ結婚し、かぞくを持ち、こうして会っているのは夢のようでした。

翌日はキャロルの車でサンフランシスコの市内を観光した後、自宅に招待してくれました。最後の夜は、高台にあるメキシコ料理レストランのテラス席で7人の食事を楽しみました。つたない英語のわたしたちですが、短い滞在ながらもたくさんの会話やコミュニケーションをかわしたおかげで、すっかり仲よくなりました。帰国の日も、キャロルとジェイミーは朝早くホテルからわたしたちを空港まで送ってくれ、別れ際に「また会いましょう。いつでも遊びに来てね」と声をかけてくれました。再会の希望を胸に搭乗ゲートに入り、サンフランシスコ空港を見渡せば、そこにはアジア、アフリカ、ヨーロッパ、中東といったあらゆる人種、カラフルな人々であふれていました。

飛行機のなかで、娘たちにキャロルたちファミリーの印象を聞いてみました。16歳の娘は「わたし、同性カップルのかぞくに初めて会ったけど、すごくいい人たちだよね。日本に遊びに来てくれるといいね。わたしもサンフランシスコに留学しようかな」。20歳の娘は「とっても優しい人たち、キャロルたちの前だと下手な英語でも緊張せずに話せる気がする。一生懸命に聞こうとしてくれるし、ゆっくりと話してくれる。相手の立場になれる姿をわたしも見習いたい。また会いたいなぁ」。夫は「路上生活をしている人たちにあんなふうに優しく声をかけられる人はめったにいないよ。ジェイミーはすばらしい、きっと患者さんの気持ちのわかる看護師さんだよ」。夫には、後日ルーワンから、日本文化についての質問メールが届いていました。

再会したとき、キャロルはわたしたちをどんな気持ちで迎えてくれたのでしょうか。

同性カップルに対して偏見を持っていないか、興味本位に見ていないか、よそよそしい態度はないか、どんなかぞくなのか様子を見ていたのかもしれません。しばらく過ごすなかで、安心して心を開いてくれた気がします。こうして、わたしのかぞくはフレンドリーなキャロルのかぞくと過ごすことでお互いを知り、仲よくなり、アライになっていったのです。

※本書内では「かぞく」と漢字ではなくひらがな表記にしています。ここには、日本の戦前（1945年以前）にあった家制度にとらわれない、個人をだいじにする多様性のある「かぞく」を言い表したい、という思いをこめています。

LGBTQ+はマイノリティなんて言わせない街、サンフランシスコ

公園で遊ぶ子どもたちの会話

サンフランシスコの子どもたちの話を、ジェイミーが聞かせてくれました。ルーワンが4歳の頃、公園で一緒に遊んでいた女の子が「あなたには、ママ2人、パパが1人いるのね。わたしには2人のパパ、ママは1人しかいないのよ。いいなぁ。わたしにもママが2人いたらいいのに」とルーワンに話しかけました。その言葉に、周りにいた人たちは思わず笑ってしまったそうです。

そのとき、ルーワンと一緒にいたのは、ジェイミーとキャロル、そして、ドナー

（精子提供者）となったジョッシュでした。ルーワンの親権はジェイミーとキャロルにありますが、ジョッシュはルーワンのよき理解者です。

キャロルのかぞくが住むバーナルハイツは、ダウンタウンとサンフランシスコ国際空港とのほぼ中間にある街。緑あふれる大きな公園、おしゃれなカフェ、移民が経営するエスニックレストランなどがあります。

誰もが安心できるカフェ

サンフランシスコは、アメリカ西海岸にあるカリフォルニア州のほぼ真ん中にあります。ニューヨーク、ロサンゼルス、シカゴに続く第４の都市。サンフランシスコのシンボル、巨大な赤い橋「ゴールデン・ゲート・ブリッジ」にはじまり、坂の街を楽しむ「ケーブルカー」、サンフランシスコの全景を楽しめる展望スポット「ツイン・ピークス」、シーフードが楽しめる「フィッシャーマンズ・ワーフ」、脱獄不可能な刑務所のあった「アルカトラズ島」など観光名所は数えきれません。観光地として外国人のみならず、米国人も訪れたい都市の上位にランクされる魅力的な街です。

仕事休みの日、ジェイミーが「一緒に買い物にいかない？」と声をかけてくれました。目的の食料品店に行く途中、ふと立ち寄ったのは、彼女のお気に入りのカフェでした。「バーナルハイツ自慢のカフェよ。美味しいコーヒーや飲み物、お菓子もおすすめのものばかり。ついつい目移りして、いつもどれにしたらいいか決められないほど」というジェイミーの言葉どおり、そこには気の利いたドリンクのほか、色とりどりのスイーツがカウンターに並んでいました。カフェのスタッフもとてもフレンドリーで、居心地のいい空間です。そんな、レズビアンのアーティストが経営する「ピンホール・カフェ」は、誰もが安心して過ごせる場所。壁には虹色をイメージするカラフルな細いレンガが埋め込まれ、窓からはやわらかな日が差し込んでいます。

入口には「WE WELCOME ALL」の文字、それに続いて「すべての人種、すべての宗教、すべての出身国、すべての性的指向（誰を好きになるかということ）、すべてのジェンダー、すべての人（障害のある人も含めて生きている人すべて）」とあり、最後に「わたしたちはあなたの味方です。あなたはここで安全に過ごせます」とあります。その下には「迷い犬の写真とコメント」のポスターが貼ってありました。すべての人

を温かく迎え入れたいという気持ち、弱い者への配慮、オーナーの温かい心遣いを感じました。弱いものをいちばん大切にする考え方は、すべての人に優しいということであり、そこにはカフェ経営者の心が表れています。

　わたしの「ＬＧＢＴＱ＋の人たちのことを知りたい、多様性について知りたい」という思いにこたえるように、ジェイミーは自分の住む町バーナルハイツにある小さなカフェに連れて行ってくれたのです。彼女がわたしに見せたかったそのカフェは「すべての人を受け入れるカフェ、多様性を受け入れる場所」でした。そんな場所が日本にもあったらいいなぁ、もしかしたら、すでにあるかもしれないなぁと思いをめぐらせながら、心休まるこの空間で、大好きなカフェラテを飲み、しばし静かにときを過ごしました。

ゲイの聖地、サンフランシスコのカストロ地区

サンフランシスコは、ＬＧＢＴＱ＋の人たちのためのコミュニティが形成された世界でもっとも先進的な街のひとつとして知られています。なぜなら、この太平洋に接する西海岸の都市は伝統にとらわれず、開放的な雰囲気があるからです。アジア、メキシコ、ロシアなど世界中からの移民、異なる人種にあふれ、１９６０年代後半にはこれまでの伝統や制度などにしばられない価値観を持ったヒッピーやＬＧＢＴＱ＋が集まる場所となりました。

その代表がカストロ地区です。ルーワンの父親、ジョッシュに会いに行く前日に、キャロルから「明日はゲイの聖地、カストロに行くのよ。ジョッシュはカストロに住んでいるの。イケメンばかりいるから目移りしないようにね。そこのゲイ・カフェでジョッシュに会うのよ」と言われた晩、わたしはそこに集う人たちの姿に思いをめぐ

らしながら、眠りにつきました。このとき会ったジョッシュのことは後ほどご紹介します。

この地区にある1992年に建てられたカストロ劇場は、この街のシンボル的存在です。ここには、LGBTQ+の尊厳と権利を表すレインボーフラッグがカストロ通りの両脇にならび、カストロ通りと18th ストリートの交差点にある横断歩道が虹色になっているなど、レインボーカラーが目にとまります。

映画「MILK（ミルク）」（2008年）を見れば、1970年代の米国のゲイたちが命がけで、自分たちの権利を獲得していく様子がよくわかります。ハーヴェイ・ミルク氏は米国で初めてみずからゲイであると公表し、1977年に当選した市政執行委員（日本の市議会議員）、ゲイの権利のために活動した人です。

カストロ地区の忘れられないもうひとつの場所、それはピンク・トライアングル・パークです。2003年につくられた三角形の公園。ナチスのホロコーストで犠牲になった同性愛者を悼む施設です。ナチス・ドイツによってユダヤ人がダビデの星のバッジを強制されたことは有名ですが、同様にゲイ男性に強制したピンクの逆三角形のバッジ（レズビアンには黒い逆三角形のバッジ）を起源としています。現在、ピンク・トライアングルはＬＧＢＴＱ＋の権利やプライドを象徴するシンボルとして生まれ変わり、プライドパレードで着るＴシャツにもプリントされています。

このような差別のシンボルを逆手に取り、自分たちの誇り、プライドのシンボルとするとらえ方をとても興味深く感じました。そこから、数分歩いたところに、２０１１年に建てられた GLBT HISTORY MUSEUM（性的マイノリティ歴史博物館）がありました。

CASTRO
COLLINGWOOD
ONE WAY

米国LGBT運動の歴史

GLBT HISTORY MUSEUM（性的マイノリティ歴史博物館）

いまでは平和なカストロ地区にも忘れられない歴史があります。おしゃれなショップのように、虹色でMUSEUMと飾られた入口、そこがGLBT HISTORY MUSEUMのエントランスでした。誰もが気軽に入れる雰囲気で、大きさも教室2つ分くらいのコンパクトな空間に多くの情報が展示されていました。

博物館の受付で入館料5ドルを支払い、すぐ目についたのはJiro Onumaという日

系アメリカ人の存在です。1923年に日本から移住し、サンフランシスコではダンディなゲイ男性として生きていました。しかし第二次世界大戦中（1939～1945）、日系移民の8万人が、人が到底住めないようなユタ州の砂漠にある強制収容所に送られ、彼もそのひとりでした。その厳しい生活の孤立感や屈辱のなかで、ゲイであることを貫いた彼のプライドをこの歴史博物館はたたえています。

1950～60年代、ストーンウォールの反乱

米国では1950～60年代、性的マイノリティに対するひどい迫害が続いていました。なぜなら、アメリカ建国に尽力したのは、英国からやってきたキリスト教徒が中心だったからです。当時、英国から渡ってきた人たちは、聖書を文字どおりにとらえ、同性愛は罪であると信じていました。そしてその考えは人々の生活規範や文化に大きく影響を与えたのです。

そのため、同性愛の性交渉を禁止する法律「ソドミー法」があり、公の場で同性愛

者が会うことは、法律で禁止されていました。同性愛者が集まるゲイバーでは、たびたび警察の取り締まりがありました。ところが、1969年、ゲイライツ（性的マイノリティの権利）運動の幕開けといわれる「ストーンウォールの反乱」（Stonewall riots）が起こりました。ニューヨーク市にあるストーンウォール・インのバーに集まる人たちを警察が逮捕しようとしたところ、いままでの不満や怒りが爆発し、ビール瓶を投げるなどして、激しく抵抗したことから大暴動となったのです。その抵抗は2、3日続き、多くの逮捕者、負傷者が出ました。この事件は性的マイノリティに対しての差別をなくす、そのために立ち上がろうとする人々の原点となります。

1970年代、ハーヴェイ・ミルク氏の登場

1960年代は、まだ「同性愛」は精神的な病とされていました。治療のため、電気ショック療法を受けさせられた者もいました。病院に連れて行かれる前に家を飛び出した者も多かったそうです。

前述の映画「ミルク」で印象深い場面があります。「ぼくはゲイだから、いまから病院に連れて行かれる。どうしたらいいの。助けて」とミルク氏に電話をかけてきた地方の少年に「すぐに逃げなさい」と伝えるミルク氏、カメラが引いて、彼の全身をとらえると、その少年は車椅子に乗っていました。

1973年には、同性愛は精神疾患リストから削除されました。そのきっかけは、精神科医のひとりが、匿名《とくめい》で変装した姿ではありましたが、みずからゲイであるとカミングアウトしたことでした。治療には意味がないことがわかり、これまでの診断はあやまったものであると多くの医師たちが気づいたのです。

同年、米国ゲイライツ運動のヒーロー、ハーヴェイ・ミルク氏は、みずからゲイであることを公表し、選挙に立候補します。3回落選しますが、彼はあきらめませんでした。1977年、4回目に初当選しますが、それまでの経験を通じて多くのことを学びます。ひとつは、ゲイライツを認めてもらうためには、隠れている性的マイノリティがカミングアウトすること、カミングアウトすることにより性的マイノリティの周りのかぞく、友だち、知り合いがアライになっていくことが重要だということです。もうひとつはあらゆるマイノリティ、アフリカ系、ヒスパニック系（メキシコ、プエルトリコ、キューバなどの中南米を出自とする人）、アジア系などの人種、高齢者、障害のある人など、差別の対象になっている人すべてを巻き込んでいくことでした。

このときのボランティアは11歳から高齢者までと幅広く、70歳になるボランティアの女性は「わたしになにかできることがあれば、なんでも協力したい」と語っています。この選挙でミルク氏のもっとも近くで選挙戦略を練り、支えたのはレズビアンのアン・クローネンバーグであり、この頃からゲイとレズビアンの連帯も少しずつ強くなっていきました。

当時、性的マイノリティの教師をやめさせる法律に反対するなかで、ミルク氏が伝えたのは「カムアウト！　カムアウト！　カムアウト！　性的マイノリティはどこにでもいる。めずらしい存在ではない！」ということでした。カミングアウトする人が増えるように訴え、多くの性的マイノリティがカミングアウトすることで支持者を増やしました。この法律も、保守派の強い抵抗にあいながらも、58対42という結果で反対票が上まわり、勝利します。その結果、性的マイノリティの教師たちは学校にとどまり、働き続けることができたのです。

非常に残念なことに、ミルク氏は当選して1年足らずで射殺されてしまいました。

しかし、ミルク氏が命がけで残したゲイライツ運動の功績は大きく、1999年、米国の有名な雑誌「タイム」が選ぶ「20世紀の100人の英雄」に選ばれています。その後、ミルク氏のようにゲイであることを公表し政治家になる人が出はじめ、その権利が認められてきたのが1970年代でした。

1980年代、エイズ危機

1980年代、性的マイノリティ、とりわけゲイの人たちにとって大きな打撃となるできごと、それが「エイズ危機」です。エイズ（後天性免疫不全症候群、HIV感染）は、米国の現代美術を代表するキース・ヘリング、英国のロックバンド、クイーンのフレディ・マーキュリーなど、多くの命をうばったことでも知られています。エイズとは、HIVウイルスの感染による病気です。当時は治療法がまだなく、不治の病とされていました。こんにちでは服薬で管理できる病気です。「不特定多数の人と性交するゲイの性行動が病を広げた」と考えられていたため、「ホモフォビア（ゲイ嫌い）」

を助長する格好の理由となり、ＨＩＶ感染した人は隔離し、強制収容所に入れるべきとする、まるでホロコーストのような排除まで巻き起こりました。

１９８１年に初めてエイズ患者が見つかってからしばらく当時のレーガン政権はこの現実を無視、なにを頼りにしていいかわからないゲイたちは途方にくれていました。いまでこそ、エイズには治療薬もありますが、当時は死に至る感染症であり、不気味な病とされ、医療現場でも大きな脅威となっていました。エイズ危機に立ち向かうリーダーとなったのが、ゲイであり、劇作家、活動家でもあったラリー・クレイマーです。誰もがエイズにおよび腰だった当初、友人と協力して医師を招いた集会を開き、エイズという新しい感染症の恐ろしさを知ります。なにもしようとしないレーガン政権を批判し、助けを待っているだけのゲイ・コミュニティへも、この緊急事態に皆が団結し、力を結集するように呼びかけます。彼は集会で基金を集め、エイズ危機に対応する初めての組織を設立したのです。

また、この厄介な病気に多くの医師、看護師、医療関係者が恐れ、エイズ患者を避けようとするなか、献身的にエイズ患者と関わったのがレズビアンの医療従事者たちでした。これまでもさまざまな場面で闘ってきた彼女たちはここでも力を発揮し、これによりゲイとレズビアンの結束が強まったのです。物事にはコインの裏表のように、いつもよい面と悪い面があるものです。

１９８６年、政府もようやく動き出します。このきっかけは、レーガン大統領の親友でもあった名優ロック・ハドソンのカミングアウトでした。１９８５年夏にハドソンは自分がゲイであり、ＨＩＶ感染者であることを発表、その年の秋に亡くなります。この５年間ですでに１万５０００人あまりがエイズで死亡していました。政府はエイズの治療はもちろん、これからエイズを増やさないための予防として、子どもたちへの「性教育」にも力を入れました。

また、エイズ危機でみられたのは「カミングアウトせざるをえない」という現実でした。エイズで苦しむ人のかぞく、友人、同僚は、この差別に黙ってはいられなくなりました。こうして、多くの人がカミングアウトの必要性を感じ、クローゼットから出ていきました（自身のセクシュアリティを公にしないでいることを「クローゼットにいる」と表現する）。そんな１９８０年代のアメリカ、ウィスコンシン州では「ゲイとレズビアン差別を禁止する法律」ができ、ＩＢＭなど米国の１２０の大企業が性的マイノリティに対する差別を禁じる政策を採用しました。性的マイノリティという理由で、就職への道が閉ざされることは、次第に少なくなっていきます。

1987年10月11日に、記念すべき「ザ・グレートマーチ」と呼ばれるデモ行進が、首都ワシントンDCで行われ、65万人が集まりました。エイズの犠牲者ひとりひとりの名前が縫い付けられた巨大キルトは多くの人を感動させました。この大行進から1年後の同じ日は「全米カミングアウトの日」(National Coming Out Day)と定められました。

エイズ危機によって多くの問題に直面しながらも、性的マイノリティの人々が深刻な差別と闘っていることに人々が気づき、より多くの米国人がその権利について目覚めていったことも事実です。

1990年代以降

1990年代、キャロルとジェイミーが20代だった頃には、エイズ危機を乗り越え、性的マイノリティの問題に対して、同性愛者だけなく、異性愛者のなかからもアライとして行動する人が増え、法律が変わっていきました。

この頃から性的マイノリティの団体や組織が爆発的に増え、カミングアウトした人たちにとって居心地のいい社会がつくられていきました。1995年の秋、ユタ州の高校では部活動として、高校3年生のケリ・ピーターソンの発案でGSA（Gay-Straight Alliance ゲイ・ストレート・アライアンス）がはじまり、全米に広がっていきました。これは、同性愛者と異性愛者が、一緒に「同性愛差別の解消に取り組むこと」を趣旨とした活動です。現在ではトランスジェンダーやそのほかの性的少数者の問題にも取り組んでいます。

また、テレビ番組に登場するゲイやレズビアンの人たちも、ステレオタイプではなく、よりリアルに描かれるようになりました。それは視聴者自身が、性的マイノリティの人たちの友人として家族として、実際に接してきたことの反映でもありました。

ヨーロッパでは、1989年デンマークで世界初の「登録パートナーシップ法」が施行されました。2001年にはオランダで同性婚が世界で初めて合法化され、ベルギー、スペイン、カナダ、南アフリカと続き、2020年5月までに28か国が同性婚を成立させています。

米国でも初めて２０００年にヴァーモント州で「シヴィル・ユニオン」（Civil Union パートナーシップ制度とほぼ同じもの）が認められました。そして、２００４年には、そのとなり、ボストンを州都とするマサチューセッツ州が全米初の同性婚を認めましたが、国としてアメリカの同性婚が成立するのは２０１５年６月まで待つことになります。

その一方、１９９６年には保守派の強い流れからＤＯＭＡ（Defence of Marriage Act 結婚防衛法、結婚できるのは異性同士とし、同性の結婚を却下する法律）が成立しています。このように不公平な法律がつくられながらも、綱引きのように、あきらめない人たちの力によって、少しずつＬＧＢＴＱ＋の人権が認められてきたのです。

カミングアウト

およそ10歳になる頃に思春期がはじまります。心身の成長が著しく、自分の性にも目覚めるとき「こんな自分でもいいのかなと誰もが悩む」のです。周りの人と比較し、自分のアイデンティティを模索するときです。

自分は同性が好きなのか、異性が好きなのか、どちらの性にもひかれるのか（好きになる性、性的指向 Sexual Orientation）、そして自分の性別をどう意識しているか（こころの性、性自認 Gender Identity）、をＳＯＧＩ（ソジ、ソギ）といいます。性的指向が同性に向かうのが、同性愛者、異性に向かうのが異性愛者です。性自認とからだの性が一致

しない人をトランスジェンダー、一致している人をシスジェンダーと呼びます。小学生になる前に、すでに自分のからだの性に違和感に気づくトランスジェンダーの人も多いといわれます。

異性愛者でシスジェンダーが、多数派（マジョリティ）ではあるものの、世界中に性的マイノリティの人たちは存在し、米国では少なくとも「10人に1人」といわれています。

日本では、「LGBTQ＋調査2020」（電通）によると、人口の8・9％がLGBTQ＋（100人に9人）であり、性的マイノリティと呼ばれてます。また、LGBTという言葉の浸透率は約80％となり、誰もが知る言葉として浸透してきています。

現在のアメリカ国内では、サンフランシスコのような場所もあれば、いまもなおLGBTQ＋の人権が認められず、10代の自殺者が多い所もあります。そのひとつがユタ州です。人口の6割がモルモン教徒、保守的な人が圧倒的に多く、モルモン教では「同性愛者は罪人である」とされ、LGBTQ＋の当事者はもちろん、そのかぞくまでも差別の対象になります。そのため、自殺する若者が後をたたず、その数は全米の自殺率の2・5倍、カミングアウトすれば親に勘当され、その葛藤をかかえたまま、家を出て行くほかはないという現状があります。

　それを解決しようと若者たちが立ち上がる姿は、ドキュメンタリー映画「BELIEVER」（２０１８年・日本未公開）で詳しく描かれています。ユタ州は内陸にありますが、カリフォルニア州からそれほど遠くない場所にもかかわらず、このような現実があるのは驚くべきことです。イスラム教徒の国やロシアでも、同性婚を認めるどころか、ゲイであることは法的に重い罪、死刑や禁固刑とされている国もいまだに存在します。

　米国も、国レベルでは同性婚を認める法律が２０１５年に制定されましたが、州によってＬＧＢＴＱ＋に対する考え方は異なります。民主党、オバマ前大統領の元ではＬＧＢＴＱ＋の人権や同性婚を認める大きな変化をありました。しかし共和党の支持者は、ＬＧＢＴＱ＋の人権を認めず、性的マイノリティの人権を求める闘いは、いまもなお続いています。

＊

ジェイミーの場合、「10人に1人」を支えに

サンフランシスコの郊外で生まれたジェイミーは、両親と姉の4人かぞく、父親はレストランの支配人、母親は専業主婦という家庭に育ちました。子ヤギを飼って育てたいと願うほど動物が大好き、自転車に乗り丘の上で気持ちのいい景色を見ながら、思いっきり深呼吸するのも楽しみのひとつ、そしてなにより好きだったことは読書でした。周りにあるもの、新聞、雑誌、百科事典、小説、エッセイ、料理本に自然や動物の本など、とにかく手当たりしだいに読む、そんな13歳の彼女は、同性の女の子に惹かれる自分に気づきます。「わたしは男の子より、女の子が好き」。とまどいながらも、自分の恋愛対象が、女性であることを受け入れていきます。

15歳のときに、LGBTユースサポートコミュニティセンターで読んだ記事で、米国には少なくとも「10人に1人、LGBTQ+が存在する」と知りました。そのうちにある種のアンテナで集まってくるLGBTQ+の仲間たちが、自分が最後のひとり

になりたくないと、ひとり、またひとりとカミングアウトし、隠れていたクローゼットから出ていきました。うそをつけない、隠すことが大の苦手のジェイミーもカミングアウトする道を選びます。

16歳のとき、まずは男子の友だちにカミングアウトしたところ、すんなりと受け入れられました。次は親しい女友だち6人に話してみると、そのうちの2人はジェイミーから離れ、そのほかの4人の友だちはありのままの彼女を受け入れ、その後も変わりなく親しい関係が続きました。そして、理解ある第三者としてスクールカウンセラーの助けもあり、自分を確立していきます。

17歳のときにある女の子と恋に落ち、1年以上の秘密の交際が続きましたが、母親へのカミングアウトは思いがけないことがきっかけで起こりました。あろうことか母親がジェイミーの日記を読んだのです。ふたりの交際を知った母親は驚き、動揺しました。「娘がレズビアンになってしまったのは、育て方がよくなかったせいではないか」と自分を責め、娘が差別の対象になり、これからの人生が不幸なものになるのではないかと心配しました。

ジェイミーは、LGBTユースサポートコミュニティセンターで読んだ資料から、親にカミングアウトするために準備が必要であることは知っていました。まずは自分をサポートしてくれるグループを探しておくこと、「子どもにカミングアウトされた経験のある親」の本や「10人に1人は性的マイノリティである」と書かれた資料をそろえておくことなどです。そして、ジェイミーは母親にそれらの情報を渡しました。LGBTQ+であるのは、左利きか右利きかのような自然発生的なこと、LGBTQ+の問題は当事者だけでなく、そのかぞく、友人など周囲の理解が不可欠であり、それが政治を、法律を変え、人権を守ることにつながるのだ、とていねいに伝えました。

いまでは、両親も姉もジェイミーの理解者であり、差別反対のパレードにも参加してくれる心強いアライになりました。

ジョッシュの場合、サンフランシスコで育つということ

ルーワンの父親であるジョッシュも、サンフランシスコ近郊で育ったゲイです。やはり、自分を受容できた理由が「10人に1人」、ジェイミーと同じように、アメリカ

人の約10％はＬＧＢＴＱ＋であるという事実でした。

そして、思春期の性は「流動的なもの」であるということを知ることも役立ちました。「同性が好きで、異性も好きなのはおかしい」「自分のからだの性に違和感をもつなんてありえない」などの思い込みや誤った見方で、10代のセクシュアリティは、大きく揺れる時期でもあります。

16歳のとき、自分がゲイであることを確信したジョッシュは、カミングアウトのことをこう話しました。「誰かに、自分のことをわかってもらうのには、時間がかかる。すぐにわかってもらえるとは思わないし、特に親へのカミングアウトは勇気がいるものだよ」。彼がカミングアウトしたとき、「あなたがゲイなら、わたしは孫の顔が見られないのね」と言った母親のさみしそうな顔は、いまでも忘れられないといいます。ジョッシュの場合は、幸運にも15歳のときに、なんでも話せるゲイの友人と出会い、自分の居場所をつくっていくことができました。

さらに、１９８０年代後半のサンフランシスコでは、ゲイの人口が目に見えて増加した時代でした。ジェイミーやジョッシュも含め、サンフランシスコの近くで育った１９８０年頃の10代の若者は、ゲイライツが根づきはじめた環境のなかで育つことができたのです。周囲にもＬＧＢＴＱ＋を受け入れる雰囲気があり、ゲイの新聞や雑誌も気軽に手に入りました。

ジェイミーやジョッシュは、サンフランシスコからバスで1時間ほどのバークレーにあるＬＧＢＴユースサポートコミュニティセンターで、多くの援助を受けていました。そこで、ＬＧＢＴＱ＋の仲間に会うこと、ディスカッションすることは大きな助けになり、そのおかげで孤独にならずにすみました。

この街で身近に存在するＬＧＢＴＱ＋の大人たちの存在は、生きていくロールモデル（目標となる人物）として、その存在は非常に大きかったといいます。とはいえ、そんな１９８０年代のサンフランシスコでさえ、カミングアウトすることは簡単ではなかったのも事実です。

キャロルの場合、アメリカ北東部で育つということ

アメリカのニューイングランド地方の小さな町で生まれ育ったキャロルは、16歳の

とき、男の子とつきあってもしっくりこない自分が、レズビアンであるかもしれないと気づきます。同性が恋愛対象になるのを悪いこととは感じていませんでしたが、「誰にも話すべきではない、こんなふうに感じるのはわたしひとりだけかもしれない」と感じ、強い孤独感に苦しんだといいます。

やがて、隠し続けることに耐えられなくなったキャロルは不安な気持ちのなか、絵を描くことが大好きで、柔らかな心を持つ親友ケリーならわかってくれるかもしれないと打ち明けることにします。ところが、キャロルがケリーにカミングアウトすると、思いもよらないことが起こったのです。ケリーは「わたしのことはどう思うの？ 恋愛対象になる？」と問いただし、キャロルが「あなたのことは姉妹のように感じる、恋愛対象として見ていない」と伝えると、キャロルの元を去って行ったのです。ケリーの態度に、キャロルはとまどい、ひどいショックを受けました。

1983年、京都の高校に留学したキャロルは、その当時からLGBTQ+のタレントが日本のテレビに出演していることに驚きました（これはあくまで高校生のキャロルにはそう感じられた、ということです）。当時のアメリカのテレビでは、ゲイが取り上げられるのはニュースだけ、タレントとして、活躍することはなかったといいます。

アメリカに帰国後、地元のニューハンプシャー州立大学、美術コースに入ったキャロルですが、心からなんでも話せるレズビアンの友人に出会うことはできず、孤独な日々が続きました。「当時、アメリカの北東部の大学で、周囲には、ゲイはいたけれど、わたしとは違うタイプだった。わたしのように将来、自分のファミリーを持ちたいと思うようなゲイはいなかった」とキャロルは言います（米国では「ゲイメン」ゲイ男性、レズビアンを「ゲイウーマン」と呼ぶことがしばしばあり、「ゲイ」は同性愛者の総称として使われます）。

ストレート（異性愛者）でも結婚したい人、したくない人、子どもがほしい人、ほしくない人がいるのと同様に、ＬＧＢＴＱ＋の人たちのなかでも結婚、子ども、かぞくについてはさまざまな考えの人がいます。その当時ＬＧＢＴＱ＋が子どもをさずかり、ファミリーをつくるというのは、アメリカ北東部の小さな町では、夢のまた夢だったのかもしれません。

19歳の頃、キャロルは両親に打ち明ける前に、まず父母が信頼している教会の神父に打ち明けようと決心しました。40歳の神父はカミングアウトしたキャロルに「君は自分がレズビアンであることをどう思うか。自分自身を責める気持ちはないのか」と聞いたそうです。「別に悪いこととは思いません。それがありのままの自分だと思っていますから」と伝えると「それなら、そういうことだよ」と言ったそうです。キャロルが思うに、その神父もまたゲイだったのかもしれません。そう感じたから打ち明けられたかもしれないといいます。

それから間もなく20歳のときに、母親にカミングアウトします。いまはアライの母親ですが、当時は、その事実に混乱し、父親にはしばらくの間は、内緒にしておくように、キャロルに伝えました。

大学を卒業して、ようやくLGBTQ＋に寛容な街、サンフランシスコにたどりついたのは25歳のときのことでした。そこで初めて、キャロルのありのままを受け入れ、お互いに理解し合える仲間やアライに出会えたのです。

サンフランシスコから日本へ

サンフランシスコから帰国後、わたしは「日本のLGBTQ+の人たちのことを知りたい」と思いました。まず、LGBTQ+の一大イベント、毎年のようにゴールデンウィーク頃に行われる「東京レインボープライド」に出かけることにしました。

その日、原宿駅から代々木公園に向かうと、レインボーカラーの旗やテントが見えてきました。目の前に広がる新しい世界にドキドキしながら、まず入口のテントでパンフレット、レインボーカラーのTシャツとバッグを手に入れました。多くのブースに人が集まっていて、生まれて初めて、ドラァグクイーン（女性の姿で行うパフォーマン

スのひとつ）にも遭遇し、メイクと衣装、そのきらびやかな姿に圧倒されました。「自分らしく進もう」「まぜこぜの社会をめざす」と書かれたパレードの看板があり、ステージでは、ダンスや歌など、自由に表現する姿があり、見上げれば、青空とにじいろの風船のコントラストが鮮やかでした。

このイベントで、忘れられないのは、11、12歳くらいの男の子のことです。彼と出会ったブースは、ほかと違い、素っ気ない感じの静かな空間でした。そこには、全国の自治体宛ての署名用紙が30種類ほどズラリと並び、パートナーシップ制度やLGBTQ＋関連の署名を集めている所でした。「すべての用紙に署名するぞ！」と意気込んでわたしが書きはじめたところ、後を追いかけるようにして、署名をする男の子がいたのです。初めは「なんで、この子はわたしの後について来るの？」と的はずれなことを思いましたが、彼もまた、1枚1枚の用紙に一生懸命に署名していました。

その姿に「この子はLGBTQ＋当事者なのかもしれない。もしくは友だち、きょうだい、かぞくのなかに当

ドラァグクイーンのスーパースター、ルポール

事者がいるのかもしれない」とわたしはいつしか考えていました。あの男の子が、成長したときに、生きづらさのない社会にしていきたい、明るい未来となるようにと願いました。

これまでわたしが知った米国サンフランシスコの話は、日本の目指す未来です。一方、同性婚が合法化されていない日本に住んでいるＬＧＢＴＱ＋の人たちのリアルな声を聞き、それを伝えることには意味があるように感じました。なぜなら、ＬＧＢＴＱ＋という言葉は知っていても、まだ遠い存在と感じている人が多く、それは以前のわたしと重なっていたからです。

日本に生きるＬＧＢＴＱ＋の生の声、その話を聞けば、もっと身近に感じられるかもしれない、それを伝えることは、アライを増やすことにもつながるかもしれない、そんな密かな野望がめばえました。望みが通じたのか、ご縁がつながり、お話をうかがえることになりました。そうして出会った皆さんの話や日常は、わたしの想像をはるかに越えていたのです。

＊

「LGBTQ＋講座」、職場でカミングアウトしたりつさん

りつさん（仮名）は30代の女性、児童福祉の仕事をしています。つきあって5年になる同性の恋人がいます。りつさんと出会ったのは、ある講演会でした。りつさんは「白い杖をついていたら、視覚障害のある人とわかります。自分はレズビアンだけれど言わないかぎり、誰にもわからない」と大勢の前でカミングアウトされていました。りつさんはどのようにして自分を受け入れ、それを伝える強さを持てたのでしょうか。

「隠せるしんどさ」と「出会えない現実」

レズビアンである彼女には、伝えなければ「本当の自分」が存在しないことにされてしまうという悩みがありました。レズビアンは一見ではわからない場合も多いため「言わなければ『異性愛者』としてみられます」。「彼氏は？」と聞かれたときは「彼

女ならいます」と心のなかで思いながら、はぐらかすような態度になってしまう。そのために秘密主義と誤解されていたこともあります。本当のことを話したい気持ちもあるのに、隠そうと思えば隠せてしまうので、それがしんどいと感じています。

さらに、このことは「当事者が『生身の当事者』に会えない現実」とつながっていました。

「必ずいるはずなのに、会えないですね。LGBTQ＋は人口の8～13％といわれ、クラスにレズビアンがいる確率は1％と聞きます。ということは、クラスに1人とするとそれが自分だから、結果としてほぼ出会えないということになります。これってレズビアンあるあるなんです」と明るく話すりつさんですが、この低い数字にわたしは愕然としました。家庭と学校というせまい世界に生きる思春期のりつさんはどんな気持ちだったのでしょうか。「自分のように同性を好きになる人は、この世に存在するのだろうか」と感じ、不安でとても孤独だったのではないでしょうか。

一方、当事者でないわたし自身もずっと性的マイノリティには会えませんでした。周りにいたはずなのに、気づきませんでした。わたしが初めて出会った性的マイノリティは、日本人ではなくサンフランシスコに住む米国人のキャロル、そしてそのパートナーのジェイミーでした。彼女たちによってわたしの世界観は大きく変えられ、性的マイノリティの現実を知ると同時に、多様性の豊かさを知ったのです。

「いじってもいい対象」として描かれていたLGBTQ＋

思春期のりつさんや周りの人にとっても、その当時から価値観に影響を与えるのは、テレビ、映画、本、雑誌からの情報でした。その頃10代のりつさんにショックを与えたのは、家でたまたま手にとった古い精神疾患の専門書です。そこには同性愛が精神病、異常性愛だとされていて、大きな衝撃を受けたといいます。

また、テレビに出てくる同性愛者は「いじってもいい対象」とりつさんが表現するような扱いで、バカにしたような「ホモ」というお笑いの対象でした。このようなメディアによる間違った性的マイノリティの描き方は、いじめを助長し、子どもの自尊心を傷つけるものになっていたのです。

りつさんが、カミングアウトした男性のなかには「『いいんじゃない。女同士なら、きれいだよね。男同士はイヤだけどね』という人も少なからずいて、理解してくれているようで、あ、この人は違う、誤解していると感じました。レズビアンはテレビドラマの題材にはならない一方で、AV（アダルトビデオ）には出てくるので、性的に消費されている感じもしました」。最近になってようやく、LGBTQ＋を等身大の主人公にした映画やドラマがリリースされていますが、りつさんが思春期の頃には、このような映像作品はなかったのです。現在でも、メディアやドラマに出てくるLGBTQ＋に対する偏見は、まだまだあると感じているそうです。

LGBTQ＋という言葉が知られる一方、性的マイノリティをひとまとめにとらえてしまう傾向があります。しかし「Lレズビアン、Gゲイ、Bバイセクシュアル、Tトランスジェンダー、Qクエスチョニング・クイア」はそれぞれ異なり、「＋」にはパンセクシュアル、アセクシュアルなども含まれます。トランスジェンダーは、MtF（出生時のからだの性が男性でこころの性が女性の人）やFtM（出生時のからだの性が女性でこころの性が男性の人）などにも分けられます。一言で「LGBTQ＋」といっても、グラデーションのある多様な存在であることをわたしたちは意識しておくべきでしょう。

女ふたりのフォトウェディング

「これまで数人とつきあい、別れを経験してきました」。りつさんが20代に恋人としてつきあった女性は、30歳近くなると「結婚して子どもを産んで家庭を持ちたいから別れたい」とりつさんの元を離れていきました。「そのたびにかなり傷つきましたね。しょうがないといえば、しょうがないのですけれど」。

しばらくして、りつさんは新しい出会いを求めてマッチングアプリ（出会いを求める人同士がアプリ上でつながることができるサービス）を試すことにします。

「自分は30歳を過ぎて、女性しか好きにならないとわかっていたので、女性同士専用のマッチングアプリを通じて、現在のパートナーと出会いました。あやしい出会い系ではないかと最初は疑いましたが、身分証を提出しないと登録できないシステムだったので、試してみたのです」。登録時には、年齢、趣味、お酒や喫煙などについて記入し、お互いに「いいね」をつけると連絡がとれるシステムでした。初めはそのサイトでメールのやり取りをして、望めば自分のメールアドレスを使い実際に会うことができます。メール交換するうちに、住所が近いことがわかり、実際に会い意気投合しました。りつさんは、この6歳年下のパートナーとつきあって5年ほどです。わたしが「けんかもします？」と質問すると、「基本的におたがいのんびりしているので、けんかというより、おこらせちゃったみたいなことは2、3回あったかな」という日常は、わたしたちがよく知る恋人同士と少しも変わりません。

3年前、りつさんはそのパートナーと横浜の山手でフォトウェディング（結婚式の代わりに行う写真撮影）をしました。異性、同性カップル、両方のフォトウェディングに実績のある会社で、初めての打ち合わせから「おめでとうございます」と言ってくれたそうです。「本当にふつうのカップルのように接してくれたことがすごくうれしくて。ふつうのことが本当にありがたいというのは、ちょっと悲しいというか複雑な気持ちもありますけれど。でも、『スタートラインに立てたんだな』という前向きな気持ちになれました」。

写真のりつさんもパートナーのみつきさん（仮名）も髪をセットし、メイクもバッチリ決めてポーズを取るその姿は、とても晴れやかでした。

「横浜山手の洋館に突然ウェディングドレス姿の女が2人現れて、大勢の観光客、一般の方もいるなかで『なんの撮影？』という感じでチラッと見られるのもおもしろくて。友だちもお祝いに来てくれたんですよ。ひとりは女性だけれどからだの性に違和感のあるトランスの人、もうひとりは女の子らしい見た目ですが、女性が好きな人です」。このウェディングをお祝いしてくれた友人たちも自分の将来をふたりに重ね合

わせていたのかもしれません。

「でもね」彼女の声のトーンが少し変わりました。「このとき、母を呼ぶかどうか、ものすごく迷いました。母はわたしのウェディングドレス姿をきっと見たいだろうな。でも言えなくて、わたしはきょうだいもいないし母子家庭だから、ショックを受けさせてしまったら後がないというか。母はわたしのことはうすうすわかっているとは思うし、でも結婚はしないとは思っていても、同性愛者とは思っていないでしょう。母親の方から『もしかしてそうなの？』と言われたら、勢いで言えるかもしれないですけれど」とりつさんの気持ちはゆれていました。

りつさんもみつきさんも、まだ自分の親にはカミングアウトしていません。カミングアウトは近い存在に対してであるほど、プレッシャーがかかるものなのです。

親へのカミングアウトはできない

みつきさんは両親、妹と実家に住んでいます。ある日、自宅でみつきさんが父親と一緒にテレビを観ていると、たまたまＬＧＢＴＱ＋の話題がニュースで取り上げられていました。みつきさんが内心「気まずいなぁ」と思っていると、父親が「こういう人たちって本当にいるのかなぁ?」と言ったのです。みつきさんは「となりにいるよ。あなたの娘だよ」と思いましたが、言えませんでした。

また、祖母が亡くなったとき、みつきさんは手紙とウェディングの写真を棺《ひつぎ》におさめました。

「おばあちゃんへ

おばあちゃんはこれから天国に行くんだね。最後はとっても痛くてつらかったね。おじいちゃんもお友だちも皆、天国で待っているからさみしくないよ。私の花嫁姿は見せられなかったけれど、わたしにはパートナーがいて、ウェディングの写真だけは撮りました。パートナーは、りつさんといいます。とても素敵なひとです。その写真を生前には見せられなかったけれど、棺の中に入れておくので、天国でおじいちゃんと見てください。わたしは幸せにすごしているので、心配しないで、ゆっくり休んでね。大好きです。

みつきより」

異性が相手ならば、きっと生前に伝えられていたでしょう。みつきさんの思いがつまった手紙にせつなくなり、それと同時にこの現実を変えていかなければと思いました。

「きちんとカミングアウトできないわたしたちもよくないですけれど、やっぱりいまは踏み出すことができないです。みつきさんと一緒に住む選択をしたならば、親にカミングアウトできるかもしれないけれど」。なにかしらのきっかけがないと、親へのカミングアウトはハードルが高いといいます。

りつさんが最初にカミングアウトしたのは中学生のときでした。信頼していた友人に「（同性の）先輩のことを好きかもしれない」と伝えたのです。そうすると「それはまずいよ。やめたほうがいいよ」と言われてしまい、かなりショックを受けました。

その後、学生の頃は「仲のよい友だち、理解してもらいたい人」にカミングアウトしてはみたけれど、そのたびに「気持ち悪いと思われないかな、嫌われないかな」と不安でした。異性愛者のふりをすることも多かったそうです。社会人になり、「この人は理解してくれる、なにを言っても驚かないで受け止めてくれる相手」が判断できるようになっていきました。

いままでカミングアウトした相手には、こんな人もいた、あんな人もいたと淡々と語るりつさんですが、これまでに勇気を出して、何人にカミングアウトしてきたのでしょう。

「カミングアウトは1回すればすむこと」ではあるのですが、それは出会う人すべてが対象になるという気の遠くなるような作業なのです。つまり、カミングアウトとは一度きりのことではなく、生きているかぎり続くプロセスなのです。

りつさんはカミングアウトするときに「相手が深刻に受け止めないように、まずわたしの方が重くならないように話す」そうです。けれども、相手を気遣いながら、カミングアウトを続けるのは容易なことではありません。多数派の異性愛者であるわたしは、自分の性的指向をわざわざ開示する必要もなく、そのことで悩むこともないため、カミングアウトが一生続くプロセスであることを、わたしは驚きをもって知りました。

新しい職場での「LGBTQ＋講座」とカミングアウト

大学卒業後、りつさんは児童養護施設で働いていましたが、14年間そこでカミングアウトすることはありませんでした。その理由には、ひとつのできごとが関係しています。その施設に小学生でゲイと思われる男子がいたのですが、ある男性職員が「修学旅行で、あいつはクラスメイトと一緒にお風呂に入らせるのはどうかな、やめたほうがいい」とゲラゲラ笑いながら話したのです。すぐとなりに同性愛の「当事者」がいることも知らずに笑っていました。りつさんは「わたしも性的マイノリティのひとり、そういう人があなたのすぐとなりにいますよ」と皆に知っていてほしいと、強く思ったできごとでした。

現在の職場（障害児支援施設）に転職した2年前、面接時にレズビアンであることを伝えました。もう隠したくなかったからです。

それから、採用通知が届き、りつさんの上司は、りつさんの自己紹介の場として「LGBTQ＋講座」をセッティングしたのです。新しい職員が、横並びで初対面というケースだからできたことかもしれませんが、りつさんは30人くらいの前で自己紹介、そしてカミングアウトしました。その講座を開くにあたり、りつさんと上司は一緒に準備しました。

まず、上司が「社会から見たLGBTQ＋」と題してスピーチし、「LGBTQ＋という言葉を知っていますか」と質問しました。手が上がったのは3割、10人ほど。「え、少ない！」、りつさんは世間の認知度は低いなぁと感じたといいます。次にりつさんの自己紹介の後に「知人友人のなかに同性愛者はいますか」と質問すると、3、4人が手を上げました。りつさんは「圧倒的に当事者と接する機会が少ない現実を認識しましたね」。だからこそ「わかってくれそうな人」だけではなく、「わかってくれるかどうか、わからない人」にも伝えることがだいじなのだとそのときから思うようになりました。

続けて、彼女は新しい同僚に「もしこのなかで、カミングアウトされたことがあるという方がいたら、誇りを持ってください。当事者が伝えるのには勇気がいるので、『この人ならわかってくれる』と感じて、あなたを選んだということです。あなたを信頼し、LGBTQ＋である自分を受け入れてくれる可能性があると感じたからなのです」と伝えました。

「その講座では不思議なことも起こったのです。それは、泣いていた人が2、3人いたことです」。この涙の理由はよくわかりません。けれども、ありのままの自分、レズビアンであることを伝えたりつさんの勇気と行動に同僚は心を動かされたのかもしれません。また、自分やかぞくを重ね合わせたのかもしれません。職員のなかにも当事者がいたのかもしれません。

「当事者である職員から学ぶ」機会をつくったりつさんの上司は、アイディアと行動力の持ち主であり、それにりつさんは見事にこたえました。しかし、その講座が終わった後に、「実はその翌朝、ロッカーにゴミがつめこまれていたらどうしようか、嫌がらせを受けたらどうしようかとも考えましたよ。そんなに強くないですから」。その後、同僚は自然に接し「彼氏はできたの?」と聞かれることもなく、快適に仕事ができるようになりました。

それでも、この職場でのカミングアウトによって、また新たなプレッシャーがめばえたことも話してくれました。「わたしは、職場の大半の人にとっては初めての同性愛者」、「よきレズビアンにならなければならない、と勝手に全国のレズビアン代表みたいに思ってます」ととらえてもいるそうです。その一方で、職場でのカミングアウトから2年たって「こんな自分」を受け入れてくれる職場がありがたいという素直な気持ちと「こんな自分」でも受け入れてもらっているという卑屈な気持ちがあるといいます。「ありがたい気持ちの裏側では、こんな自分なんて社会では受け入れられないのが当然と思っていて、そこは変わりたいですね」。

そしてこのインタビューのあとに、さらなる心境の変化があったそうです。「いまは、『自分が同性愛者であることはただの生まれもった性質。異性愛者となんら変わらず生きているし、卑屈になる必要も理由もない』と考えられるようになりました」。

この講座によって、りつさんの福祉現場に必要とされるLGBTQ+への理解は広まりました。そして職員は性的マイノリティの子どもたちの支えとなり、それによって子どもたちは自己肯定感を育むことになります。このような講座を受ける人が増えることで、性的マイノリティの理解は広がり、社会は変わっていくのでしょう。

自分のことを淡々と穏やかに語るりつさんには、しなやかな強さを感じます。そして、どこまでも自分を俯瞰《ふかん》する視点の持ち主であるところも、りつさんの人間的魅力です。「性的マイノリティはひとつの個性」と語るりつさんは、児童福祉の現場で子どものよき理解者であるに違いありません。

りつさんが見た米国シアトルの日常とこれからの日本

りつさんはいまの職場に移ってから、研修のため米国ワシントン州シアトルに2か月滞在しました。西海岸にあるシアトルも多様性を受け入れる雰囲気に満ちていました。レインボーシティと呼ばれているダウンタウンには、レインボーフラッグをはじめ、6色で描かれた横断歩道や交差点がありました。彼女がシアトルで感動したのは、同性パートナーのことを自然に話す語学学校の講師の姿でした。

「あえてパートナーが同性であると伝えるのではなく、誰とクリスマスを過ごしたかを話すなかで、同性パートナーがいることがわかる。日常生活を語るときに自然に伝わることが、すごい！　進んでる！　と思いました。シアトルのように、自然に話せる日常がくるといいなぁ」と思ったそうです。

日本もそのような社会になっていくために多数派（マジョリティ）に求められることを問いかけると、りつさんは「まず興味を持ってほしい。興味がないとLGBTQ＋という言葉にもひっかからないですよね。無視しないでほしいです」。無関心や傍観者でいるのではなく、LGBTQ＋の意味を知ることからはじめることで「多様な性のグラデーション」が見えてきます。少数派（マイノリティ）なので、出会える可能性は高くないものの、すぐそばにLGBTQ＋の人はいるかもしれないという事実は変わりません。

りつさんにとってアライとは『自分のなかに差別があるとわかっている』人、『自分には知らない世界がある、理解がおよばないこともある。でも、知ることで歩み寄ることができる』と認識できている人」。「自分と違う立場の人がたくさんいると認めている人は、もうアライだと思います」。

人は自分の体験を頼りにするため、他者理解には想像力を働かせても、限界があるのは事実です。たとえば、からだの性とこころの性が一致しない「性別違和」を持つトランスジェンダーの悩みは、多数派（異性愛者、シスジェンダー）にその本当の苦しみはわからず、同じ性的マイノリティのなかでも自分のからだに違和感のないゲイやレズビアンにもその苦悩はわからないといいます。同じ経験がないからです。では他者を理解するにはどうしたらいいのでしょうか。

それに明確な答えはありません。けれど、わたしたちにできることはあります。それは「よかれと思って言ったことがその人を傷つけてしまったときに、それなら、今度はこういう言い方をしたらどうだろう」と謙虚な気持ちで、試行錯誤を重ねていくこと、意識をアップデートし続けることです。決して相手を決めつけることなく、問い続け、行動を変えていくことです。その先に、自分とは異なる他者を受容し、受容される相互理解が生まれるのではないでしょうか。

ありのままのケンジさんを受け入れたかぞく、そして母の言葉

ケンジさん（仮名）は66歳、東京で生まれ、18歳から24歳まで米国ロサンゼルスに留学していました。帰国後しばらくしてからパートナーと連れ合い24年になります。日本でも同性婚が法制化されれば「もちろん結婚します」。

いま、半生をふりかえり、自分自身をまるごと肯定的にとらえるケンジさんは、どうやってその境地にたどりついたのでしょうか、その理由はどこにあるのでしょうか。

小学6年生、たったひとりで近所の精神病院へ

ケンジさんは、小学生の頃からヘテロ（ヘテロセクシャル、異性愛者）の男子が好む遊びには興味がなく、少女まんが、お人形のバービーやケン、女の子の服のデザインを描くほうが好きでした。近所の女の子と一緒に遊ぶ毎日がケンジさんの日常だったのです。

「野球などはしたことがなかったけれど、水泳や陸上は大好きでしたよ。小学2年生の初恋の相手は、もちろん同級生の男子です」。

その頃から「同性を好き」という自然な感情が「もしかしたら、おかしなことなのかもしれない」と気づきます。周りの男子は、女子に興味を持っていたからです。周りと違う自分を受け入れるのは、12歳の子どもにとってはかなり難しいことです。そのような悩みを持つ子どもは、誰にも相談できずに孤独になるのでしょうが、ケンジさんはその疑問をぶつけるため、驚くべき行動にでます。

小学6年生のある日、一大決心したケンジさんは、近所の精神病院へたったひとりで受診するのです。医者に話したところ、治すためには「電気けいれん療法」を使うから、記憶や思い出を消してしまう恐れがあると言われました。「やっぱり、子ども心にそれは怖いと思ってあきらめました」と語るケンジさん。1960年代には、前述のとおり、同性愛は精神病のひとつとされていたのです。

医者から「これは風邪のようなものなので、じきに治るだろうから、男子と2人だけで部屋で過ごさないように」とアドバイスを受けました。たったひとりで病院に行く勇気と行動力、その独立心はどこからきたのかは、本人自身の性格はもちろん、かぞく関係や育った環境が影響しているとわたしは直観しました。

受診後もケンジさんの「同性が好き」という性的指向は変わりません。「ぼくは12歳（小学6年生）のときに初体験をしました。同級生のヘテロの男子に誘われて彼の自宅でキスをしたり、抱き合ったり。中学生になってからは、数人の女子ともつき合ってみたり、柔道や剣道をしたり、ヘテロの男子と同じような生活や活動も試してみたけれど、同性が好きという性的指向はまったく変わりませんでした」。こうして、女子への性的興味がないケンジさんは、ありのままの自分、ゲイとしての自分を受け入れていきます。

17歳のとき、当時の若者たちに圧倒的に人気のあった雑誌「平凡パンチ」にゲイ雑誌「薔薇族」の記事が載っているの見つけました。ケンジさんは「薔薇族」の文通欄で知り合った人たちと出会います。そして、それまで知らなかった「ホモ」や「同性愛」という言葉を知ることになります。世の中に「ホモ」という人たちが存在し、自分もそのうちのひとりであると知り、同性を好きになるのは、自分だけではないとわかってうれしかったそうです。そのときの気持ちは安心感と喜びの両方だったのでしょう。

初めてのカミングアウトは16歳

初めて母親にカミングアウトしたのは16歳のときでした。彼女はケンジさんをしっかり受け止めてくれます。内心、息子のカミングアウトにショックを受けたかどうか、その真意はわかりませんが、息子の前ではまったくそんな様子は見せませんでした。「その頃、30代後半の母は、祖父母の仕事のため海外で育ったので、1960~70年代のアメリカではじまったニューエイジ運動（20世紀後半に出てきた自己意識運動、新しい考え方）などに影響を受け、それに関する本を読み、瞑想などをしていました。そのおかげで、ぼくのカミングアウトもすんなりと受け入れてくれました」。そのように寛容な母親の存在は、ずっとケンジさんの支えになっていきます。

しばらくして、母親はケンジさんを臨床心理カウンセラーのオフィスに連れていきましたが、「それからは、この件については終了ということになって、なにごともなかったような日常が続きました」。

息子のケンジさんを専門家のところに連れて行ったということは、母親としては心配する気持ちがあったということでしょう。しかし、アドバイスを受けた結果、ありのままのケンジさんを認め、見守ることにしました。そうすることが、「母親としての自分のスタイル」と決めたのではないでしょうか。一方、父親はまったく関知せず、死ぬまで「ケンジさんがゲイであること」について知らぬふりを通しました。

その後、「小学6年生の弟にカミングアウトしたのですが、弟は、まったく抵抗なく受け入れてくれて、ぼくのゲイの友人とも遊んでいました。そのことにいまでも心から感謝しています。現在、彼の妻もぼくを理解してくれているので、そのうち、甥たちにも話すことになるだろうけれど、いまは学校の授業でＬＧＢＴＱ＋について学ぶので、今後の反応を興味深く見守りたいです」と希望ある未来をイメージしています。

友人へカミングアウトした後も、誰も否定的な態度をとることなく、ありのままのケンジさんを受け入れてくれました。そのためケンジさんは以前と変わりない毎日を過ごします。不安を持ったときもあったけれど、ケンジさんはかぞくと友人の理解に支えられていたことは明らかです。かぞくになかなかカミングアウトできないＬＧＢＴＱ＋の人が多いなか、まず母親にカミングアウトできたこと、黙認してくれた父親、そして抵抗なく受け入れてくれた弟の存在はケンジさんの存在を根っこで支え、ずっと変わらぬ自己肯定感につながっています。

アメリカのゲイパワーにふれて

1970年代、18歳から24歳まで米国ロサンゼルスでケンジさんは過ごします。学校に入ると寮生活では「仲間にはゲイはいなかった。当時、学校には裕福なイランからの移民の子どもが多かったのです。アラブ（イスラム教）では同性愛は禁じられています。白人もストレートばかり、ゲイはぼくだけでしたので、卒業するまではクローゼットで（カミングアウトせずに）過ごしました」。

この頃、米国西海岸のカリフォルニアでは同性愛者の存在が大きくなっていきました。特にハーヴェイ・ミルクがゲイであることをみずから公表し、政治家として活躍したのは大きなニュースでした。前述したように1970年代頃のアメリカは、ゲイパワー（ゲイの存在と社会に与える影響力）もどんどん広がり、抗議活動もどんどん大きくなっていきました。多くのゲイが居住する地区も増え、サンタモニカ・ブルバード沿いのウエストハリウッドという地域、かつて「ボーイズタウン」と呼ばれた場所は、1984年にひとつの行政地区、ウエストハリウッド市になるほどだったのです。

「いろいろな人がいていい」という多様性を受け入れる文化、「こうでなくてはいけない」という限定的な考え方をせず、なにごとも肯定的にとらえる前向きな考え方をよしとするアメリカで青年期を過ごすことで、ケンジさんはいろいろなコンプレックスから解放されたといいます。

しかし、1980年代に入り、エイズ（HIV感染）がゲイの間で広がります。「先週まで一緒に遊んでいた友人がエイズで突然なくなったという知らせが届きました。どうして彼が？　という気持ちと、あまりに身近で突然のことなので、ひどく動揺したのを鮮明に覚えています」。当時、エイズは未知の病で、空気感染するとか、接触すると感染するとか、コロナウイルス感染症のように、誰もが恐怖感を覚えるものでした。また、それはゲイの病気として世間で認識されていました。このときにケンジさんは友人の死を悲しむと同時に、自分たちも感染して死ぬ可能性があることをはっきり自覚したといいます。

そのまま米国にとどまるつもりでいたケンジさんでしたが、日本にいる祖父が亡くなり、エイズ拡大が帰国を後押しします。このときは「たくさんの悲しいできごとが重なり、日本への帰国の流れがどっと押し寄せてきました。ぼくにはそれを変えることはできませんでした」。

パートナーシップ制度と同性婚の法制化

日本に帰ったケンジさんは、25歳で出会った彼と暮らし、10年後に別れます。そして別れた後に2人で起業します。その後出会ったパートナーと一緒に暮らしはじめて、いま24年になります。そのパートナーと「子どもを持つ」ことも考えたことはあるのかを聞いてみると、「そうですね。40代のときにかぞくを持ちたいと里親制度を考えたこともあったけれど、引き取った子どもがいじめられるかもしれないと考えると実際に行動に移せなかったです。誰の子もコミュニティの子どもとして育てるのは理想ではあるけれど、27年前の日本では不可能で、それはいまも変わらない。それでも日本で同性婚が認められれば、すぐにでも結婚届を提出します」。

先日、30年間いまだにつきあいのある元彼が同性パートナーと養子縁組するというので、現在のパートナーとふたりで保証人になりました。現行のパートナーシップ条例は若いカップルには役立つことが多いけれど、遺産相続や医療に対処するときなどカバーできない点も多いため、どうしても養子縁組をせざるえない現状があり、同性婚が法制化されることを同性カップルは強く望んでいます。

日本は、人類愛の教育をすればいい

青年期を米国で過ごしたケンジさんが感じたのは、アメリカにはプロテスト（抗議、意義を申し立てること）で社会を変えていく歴史があるということでした。これは自分たちの声を上げることによって自由の権利を獲得してきたということです。人種差別に反対する人も賛成する人もプロテストできるのが自由の国アメリカです。

たとえば、1970年代から人種差別に対する抗議行動として、ウエストハリウッドにあった白人しか入れないディスコに、ヒスパニック系の人たちが火炎瓶を投げ入れ抗議した結果、そのディスコは人種差別をやめ、誰でも入場できるようになりました。それからはケンジさんも毎週末通うようになりました。

抗議行動を起こして社会を変えていくという流れは、いまもなお変わりません。2020年に広まったBLM（Black Lives Matter 黒人の命も尊重されるべきである）運動もそのひとつでしょう。

しかし、日本ではアメリカのように、LGBTQ＋を認めないからといって、無意味に殺害するということは起きません。ということは、それに対してプロテストすることもないわけです。つまりそういうプロテストする土壌がないのが日本なのでは？と話すケンジさんに、「日本でLGBTQ＋の理解を広めるためには、なにが必要だと思いますか」と聞いてみると、「日本で希望が見えはじめていることに、ぼくは気づいていますよ。それは日本の教育現場においてです。いま小学生はLGBTQ＋について学んでいます。また、知的障害のある子どもの支援学級でもLGBTQ＋について性の勉強と一緒にしていることも聞きます。このように教育現場でその変化が起きているのです」とこたえてくれました。

「LGBTQ＋の教育を受けた子どもたちは10年もすれば大人になります。知らないことが恐れや嫌悪を生みますが、LGBTQ＋は近くにいるんだよと、10年後にその子どもたちがわれわれに教えてくれるのだと思います。アメリカ人のように騒ぎ立て、プロテストする必要もない、ただ人類愛の教育をすればよいと思うのです」とケンジさんは考えています。

子どもの成長を信じる母の言葉

インタビューをお願いしたとき、「ぼくはゲイの成功例だから、どうなのかな。話を聞いても参考にならないのでは」というケンジさんの言葉が印象的でした。「ゲイの成功例」と自分で言えるなんてすごい、だからその理由を聞いてみたいと思いました。そこには、自己肯定感を育む秘訣があると思えたからです。

「ぼくの幼い頃の経験はすでにお話ししたとおりですが、それ以外は、ヘテロの子たちとまったく同じように成長しています。ただ違うのは、『好きになる相手が同性の男子であるということだけ』です。思春期、自分の性的指向に疑いを持ったときでも『周りの誰もそれを否定しなかった』。それは精神病院に行ったときも『いずれ治るよ』と言われただけ、否定されていないわけです」。

そして、ケンジさんにとってなにより大きい存在はかぞくです。特に、母親は当時からリベラルでゲイに関する知識もあり、ケンジさんにも進歩的な本を読ませました。「当時の母は瞑想のために『座禅』もしていましたから、とても知的で自由な考え方の女性でした。ぼくはそういう特徴のある母に育てられました。弟もしかりです。父は知らぬふりだったのも母の影響です。きっと母に『黙っていなさい』と言われたのでしょう。だから父が『（ぼくを）あきらめた』と言ったことがありましたが、『〝自分の思うように〟ぼくを育てるのはあきらめた』というのが父の真意だったと思っています」。

ゲイであることを受け入れた母に育てられたケンジさんは「自分自身を否定的にとらえたことがない」と言います。「母に毎日愛していると言われ、抱きしめられて育ちましたから、否定的になるわけがないのです」と話すケンジさんはどこか誇らしげでもあります。母親をはじめ、理解ある人たちのなかで、自分がゲイであることを肯定的にとらえて思春期を過ごしました。アメリカに渡り、アメリカのゲイたちと過ごしたことも自尊感情に大きく影響したのです。帰国後のケンジさんに向けた母の言葉はすべてを語っているようです。「アメリカに行って、完璧になってこられたの？」。これは「アメリカで、ゲイとしてのプライドを身につけて帰ってきたのか？」という意味であり、ありのままのケンジさんを尊重し、その成長を信じる言葉です。「なりたい自分になる自信は持てたの？」とわたしには聞こえました。

「現在、パートナーと同居して24年、これから先も一緒でしょう。彼がぼくを看取るのだと思います。その頃には、パートナーでも集中治療室に入れる時代になっているでしょうし、弟もいるので、弟が彼を招き入れるでしょう。いまの生活を幸せでないと思ったことは少しもありません。ゲイのおじいちゃんとなり、幸せに死んでいけるという意味で、『自分は幸せだ』と思うのです」。

ケンジさんは自分を「幸せなゲイ」と呼びました。しかし彼が少しも悩まなかったはずはありません。ここで注目するのは、壁にぶつかったときのケンジさんの選択です。考え方の選択肢は無限です。そのなかからどれを選ぶのかが重要なのです。「なぜ自分はこのように生まれたのか」といくら考えても状況は変わりません。

悩んだとしても、そこに意味を見出す考えの方に目を向けることです。自分自身を受け入れていくためには悩む時間もだいじなのかもしれない、と俯瞰《ふかん》してとらえることを選んだり、「同性を好きになることも、ただ人が人を好きになっているだけのこと」、「多くの人とは違うけれど、ありのままの自分を認めよう」、「価値観は人それぞれでいい」という考え方を選択していったりすることで、ケンジさんは自己肯定感を持てたのでしょう。「ありのままの自分を認め、なりたい自分になる」ために、考え方を選び取っていく、それは生涯にわたり、誰にとってもだいじなことではないでしょうか。

サンフランシスコのにじいろファミリー

LGBTQ＋といっても、実際にはそれだけでは表せない多様性があります。「かぞく」に対する考え方もそれぞれです。レズビアンのキャロルは、同性と結婚して子どもと一緒にファミリーをつくりたいと希望し、パートナーのジェイミーとふたりでお互いの気持ちを確かめながら、子どもを育てることに決めました。

LGBTQ＋の親と子どものかぞくを「にじいろファミリー」と呼ぶのは、6色に輝く「にじいろ」が、性的マイノリティの象徴だからです。

サンフランシスコでわたしが出会ったにじいろファミリーは、血縁だけでつながる

のではなく、たがいに愛し合い、ゆるし合い、支え合う絆でつながったかぞくです。

そんな新しいかぞくをつくっていこうとする姿に、強い生命力を感じました。

キャロルたちを通して、同性カップルが結婚し、子どもをさずかり、ファミリーとして歩む道があることをわたしは知りました。この章では、キャロルのかぞくをはじめとする、いろいろなにじいろファミリーの姿をご紹介します。

＊

ふたりの母と息子——キャロルとジェイミー、ルーワン

3人かぞくの日常

ピンクがかったオレンジの光が差し込む夜明けに、キャロルとジェイミーの朝がはじまります。12時間シフトで働く看護師のジェイミーは、小さなカップにエスプレッ

ソを入れ、朝の準備をしています。薄暗いキッチンにコーヒーのいい匂いがただよい、ルーワンが学校に持っていくランチのトルティーヤをキャロルが用意しています。その日はあいにくの雨、ふだんはバスで登校するルーワンをジェイミーが車で送っていくことになりました。耳にはワイヤレスイヤホンをつけ、スマホとランチをリュックに入れて、準備完了です。3軒先に住む親友のカイも一緒です。

皆が車に乗りこみ、右に曲がるとそこにはサンフランシスコ名物、ジェットコースターさながらの長い急坂。ズーンと坂を下り、また上り、全身に重力を感じる衝撃、その後、大通りに出たところでジェイミーがお気に入りの曲をセットしました。ルポールの「Can I Get an Amen」が、アコースティックギターの心地よいメロディにのせて流れてきました。「誰かを愛する前に、まず自分自身を愛して、あるがままの自分を認めて。自分自身をまず愛して、そして誰かを愛して、そうでしょう。自分を愛せないなら、いったいどうやって誰かを愛せるの」。このルポールもアフリカ系アメリカ人、黒い肌を持つゲイ、人種と性的マイノリティという二重の差別や偏見と闘ってきたドラァグクイーンのスーパースターです。その辛さを乗り越え、自分の弱さまでも愛せる人が相手の痛みを知り、誰かを本当に愛せるのだと教えてくれる歌です。

「弱い自分、欠点ばかりの自分自身をどれほど受け入れ愛しているかは、相手への愛の深さでわかるもの。ゲイを嫌う多くの人は、自分自身のよさや弱さにも気づいていないし、受け入れていないと思う」とジェイミーはいいます。

キャロルとジェイミーが経験した4回の結婚

驚くべきことに、キャロルとジェイミーはこれまで4回結婚しています。それは米国のLGBTQ+の歴史をうつす鏡のようです。前述したように2000年にヴァーモント州で米国初のシヴィル・ユニオン（パートナーシップ制度）、2004年にマサチューセッツ州で全米初の同性婚が認められ、その理解が高まっていた2001年に1回目の結婚式を挙げています。集まった100人を超える招待客の前で、ふたりは結婚を誓いました。

当時は、まだ法的に認められる結婚ではありませんでしたが、ふたりは結婚の誓いを記した証明書をつくりました。それは文章だけの堅苦しいものではなく、アーティストのキャロルがデザインした、素晴らしいアート作品ともいえるもので、美しく織

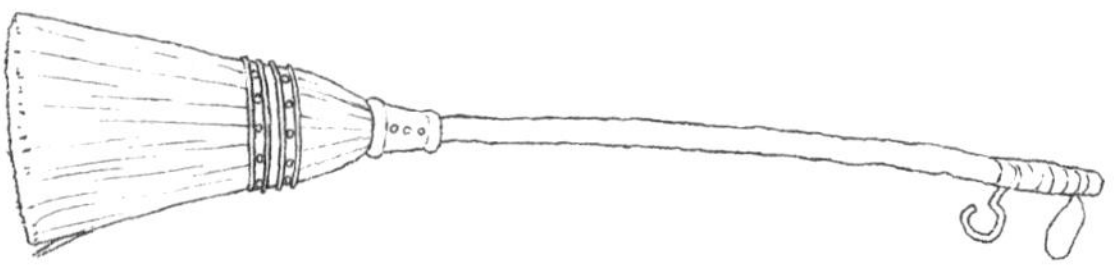

細な模様が、ふたりの誓いの文章を包み込むように描かれ、その周りにかぞくや友人の署名もひとつひとつ、書かれているのです。
キャロルがしみじみと言います。「わたしたちは音楽と笑い、そして愛で満たされた家庭をともに創造していきたい。わたしたちのかぞくはユニークであると同時に、よくあるかぞくでもある。自分のかぞくはもちろん、周囲の人にも心を配っていきたい、親切にしたい。そして、それを行動にうつすようにしているの」。
ふたりの部屋に、この証明書が入った大きな額とともに飾られていたのが「ほうき」です。これには深い意味がありました。米国では奴隷制度があった時代、アフリカ系アメリカ人は結婚がゆるされませんでした。それでも「ほうき」を飛び越える「ジャンプ・ザ・ブルーム」という儀式が行われていました。当時まだ、同性婚は法的に認められていなかったので、その「ほうきを飛び越える」儀式によって差別されていたアフリカ系アメリカ人に心を合わせ、ふたりの結婚式に取り入れたのです。
2回目の結婚はその2年半後でした。2004年2月12日サンフランシスコ史上もっとも若い市長、当時37歳のギャビン・ニューサム市長（現在はカリフォルニア州知事）が、同性婚を認めると発表したのです。ユニオン・スクエア近くのダウンタウンにある市庁舎には結婚を切望する人たちが歓喜とともに押し寄せたといいます。

この市庁舎に、同性婚を希望するカップルが集まり、発表されたその日のうちに89組もの結婚が認められました。そのニュースは全米に世界に広まり、結婚を希望するカップルは、雨の日でも長蛇の列を作りました。その周りには同性婚に反対する人たちも集まり騒然とした雰囲気もあったそうです。同性婚を認める取り決めを裁判所が禁じるまで、この長い列は29日続き、その間4037組の同性婚が認められました。

このなかの1組がキャロルとジェイミーのふたりであり、そのときの写真には、ジェイミーの膝にちょこんとすわる1歳の息子ルーワンの愛らしい姿があります。この頃、国として共和党のブッシュ大統領は同性婚に反対していましたから、若きニューサム市長の英断は、すべての人は平等であるという米国の理想を支える市民の声をいっそう強くするものとなり、この勢いは全米に波及していきます。

3回目の結婚は、2013年。カリフォルニア州が正式に同性婚を認めたときです。そして4回目は、全米で同性婚が合法化されることとなった2015年の6月26日の判決によるものです。米国の各州に、同性カップルに結婚許可証を発行するよう求めるもので、同性婚の賛成派が圧倒的優位だったわけではありませんが、連邦裁判所（日本の最高裁判所にあたる）が同性婚を認める判断を示しました。事実上、全米での同性婚が認められたのです。

その5年前の2010年から、ジェイミーは国立の病院に看護師として勤務していましたが、キャロルとルーワンは法的にはジェイミーのかぞくとして認められず、2015年に国が同性婚を認めるまでは、健康保険や子育てサポートなどの支援（社会保障）を受けられませんでした。もし当時、連邦政府が結婚を認めていれば、法的にかぞくが守られ、安心して暮らすことができたのに、とジェイミーは振り返ります。

ふたりの出会いとルーワンの誕生

キャロルとジェイミーの出会いはマッサージセラピーの講座でした。講師のキャロル31歳と生徒のジェイミー27歳、「教室にジェイミーが入って来た瞬間に、結婚するのはこの人だとピンときた」とキャロルは感じたそうです。すぐに意気投合したふたりは、講座終了後つきあいはじめ、同居するまでは1年、結婚するまでは5年、お互

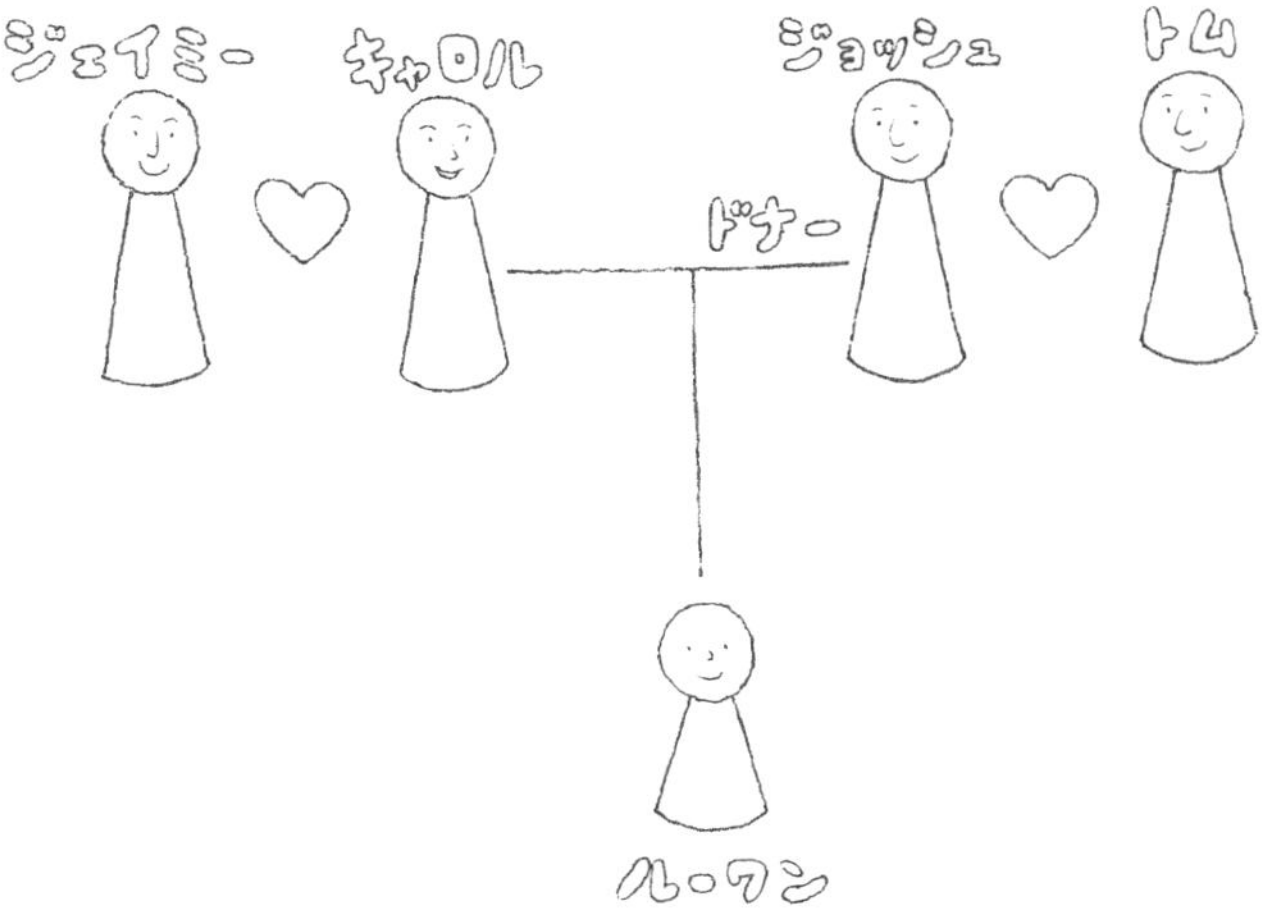

いをよく知るために時間をかけて、とても慎重なおつきあいをしていました。

ふたりで子どもを育てることにも大きな責任がともなうと思い、「たとえ子どもがいなくてもふたりで最高の人生を送れると思えたときこそ、子どもをさずかるタイミング」と決めました。結婚後、次第にふたりの気持ちは固まっていきました。

まず、年上のキャロルが1人目の子どもを出産し、次にジェイミーが出産することに決めました。その後に、協力してくれる男性、ドナー（精子提供者）をさがすために、精子提供の会社（精子バンク。ドナーから採取した精子を保存する施設、機関）から匿名のドナーに依頼するということも考えましたが、その方法に不自然さを感じていました。ドナーになる人に直接会い、目を見て、その人を知りたいと、候補者とした3人の友人から断られ、困っていたところ、以前から知っていたジョッシュと偶然、再会したのです。

優しく、親切で信頼できるジョッシュにドナーになってほしいとふたりは思いました。彼はゲイであり、おつきあいしている男性もいました。ふたりの意向を打ち明けた数日後、「いいよ」とジョッシュは返事をくれたのです。それが、皆をつなぐ素晴らしい人生のスタートとなったのです。

ルーワンが生まれた2003年1月28日はよく晴れて、1月にしては暖かな日でした。陣痛が強くなるにしたがって、息子に会える喜びに、待ちきれない気持ちになったというキャロルは、助産師の助けをかりて一日かけてルーワンを出産したのです。

自宅出産のため、親しい友人に見守られ、ジェイミーも徹夜で、そのときを待っていました。それから間もなく、いきむように言われたキャロルが力をこめると、時はきました。陣痛がはじまってから気の遠くなるような長い時間が過ぎた午後1時半にルーワンは産声をあげました。ノラ・ジョーンズの曲「More Than This」が流れ、その自宅のリビングルームには窓から金色の光がさしこんでいました。

ルーワンはやせていて、小さくて、命そのもの、ジェイミーはその小さな命を抱き、涙があふれました。キャロルは無事に出産できたことに心から幸せを感じていました。その数時間後にジョッシュがかけつけ、ルーワンと初めて感動の対面をしたのです。

ジェイミーの夢を支えるキャロル

結婚後、キャロルは画家として、またマッサージセラピストとして活躍し、ジェイミーもピクサー映画のオフィスにマッサージセラピストとして出張するほど優秀なセラピストでした。しかし、35歳を過ぎた頃、ジェイミーは「看護師になりたい」と強く思うようになったのです。とはいえ、幼いルーワンを抱え、経済的にも難しいと断念しようとしたとき、その夢を支え、応援したのがパートナーのキャロルでした。

その後、ジェイミーは大学の看護学部に入学、高校以来学んだこともない数学も猛烈に勉強し、難しい国家試験に合格、看護師になりました。その頃を振り返り、ジェイミーは「精神的にも経済的にも、すべてにおいてキャロルの支えがあったから看護師になれた」と言います。

このチャレンジのため、ジェイミーは、結婚当初に計画していた「出産」はできませんでした。息子のルーワンとは血縁関係はありません。幼稚園で5歳のルーワンがファミリーツリー（家系図）を描いたとき、ジョッシュとキャロルのふたりが描かれて、そこにジェイミーの名前がなかったのはショックなできごとでした。けれども、親権を持つのは自分だという親としてのプライドと愛情を持って、ずっと彼に関わってきました。高校生になってからもルーワンの苦手な世界史の試験前に、マンツーマンで根気よく教えるジェイミーの姿がありました。

仕事で疲れていても、夜遅くまで、友人宅にルーワンを車で迎えに行くのは彼女でした。そこには、血縁にとらわれない母の愛情があります。「数年後には彼も大人になる。いまだけしかできないことだから、やれることはしっかりやってあげたいと思うの」。もうひとりの母も、いつもルーワンをケアしています。

ルーワンの友だちは、この家によく遊びに来ます。「それほど広くない彼の部屋に、大勢の子が集まるの。うちの冷蔵庫の扉を大きく開け、冷蔵庫に5人のティーンエイジャーが首をつっこみ、食べ物を探している姿もよく目にするわ。ゾッとするけどね。大きなピザの買い置きもあっという間になくなるけど、またコストコ（大型スーパー）に行けばいいんだから」と笑いながら話すキャロルは、ちょっとあきれながらも、

ルーワンの友だちが遊びに来ることをとても喜んでいます。

「結局、子どもができると、子どもがいないゲイカップルとはつきあわなくなるのよ。10時過ぎに飲みに行こうと電話がかかってきても、その時間にはすでに寝ちゃってるしね」とキャロルは言います。子育てをしていると自然に生活スタイルが変化していくのは、古今東西、どの国でも変わりありません。

ルーワンと最近よく遊ぶ女の子がいます。その子の父親はアメリカ人、母親は日本人。中学校までは同じ学校に通う幼なじみ、いまでは、放課後や週末はいつも一緒にいます。母ふたりは、春休みにルーワンとこの女の子を連れ、ロサンゼルスのユニバーサルスタジオで楽しいときを過ごしてきました。まだその子をガールフレンドとして紹介はしませんが、「ぼくの母ふたりはゲイ、父親もゲイだけどね、ぼくが好きなのは女の子。ぼくはゲイではない、ストレートなんだよ」とお皿洗いをしながら、ルーワンは話してくれました。

異性との結婚でも、同性との結婚でも、お互いを認め支え合うこと、また、ときにぶつかることがあっても思いやりを持って歩み寄ることは、絆を深め、お互いに成長していくことにつながります。キャロルとジェイミー、そしてルーワンのなにげない日々の生活は、その素晴らしさを教えてくれます。

養子縁組、選ばれたふたりの父――ダンとティム、ジムとマギー

サンフランシスコは多様性を受け入れる場所です。キャロルのところに届いた1枚のクリスマスカードには、父親、母親と女の子の3人の笑顔がありました。両親は白い肌、女の子はちょっと浅黒い肌です。両親は結婚後、何年も子どもができなかったため養子としてその子を迎えました。このような養子縁組もアメリカではよくあることです。

養子の肌の色も、里親が性的マイノリティであることも関係はありません。アメリカは移民の国、それぞれの祖先は異なる国から来ています。「法のもとに、すべての人は平等である」とするアメリカ合衆国憲法の理想は、現実とのギャップは否定できないものの、人々にはこの理想に近づこうとするパワーが確実に存在しています。

養子縁組の制度を使い、17歳の息子と14歳の娘を育てているふたりの父親がいます。

大きな家が並ぶ閑静な住宅街、その家のベルを鳴らすと物腰のやわらかなダンが現れ、後ろには大きな白い犬がしっぽを大きく揺らしながら迎えてくれました。上品なベージュで統一されたリビング、センスのよいダイニングルームにはモダンな絵が飾られ、洗練されたなかにも温かい雰囲気があります。

ふたりの父親は55歳、大学で出会い23歳のときからつきあいはじめて、今年で32年になります。ティムのかぞくはゲイであることを自然に受け止めてくれましたが、ダンの母親はパートナーのティムと話すことを拒みました。その後も亡くなる数年前まで、ふたりの関係を認めてはくれませんでした。というのもダンの両親は、アイルランドから移民した熱心なキリスト教徒、その6人兄弟の末っ子のダンは人当たりがよく物腰が柔らかいので、母親は彼を神父にさせるのが夢だったのです。

かぞくに価値をおくのはキリスト教やイスラム教も共通であり、そんなキリスト教文化の強い影響を受けたかぞくで育ったダンにとっても、かぞくは特別なものでした。だからこそかぞくに自分がゲイであると隠しているのは辛く、26歳のときにカミングアウトすることを決心しました。「本当の自分」を愛するかぞくに隠していることが耐えられなかったのです。

ダンがカミングアウトしたとき、かぞくひとりひとりの反応は違ったものでした。「自分のすべてをみせることは、自分自身に正直になることでしょう。ほかの人々、特に自分を理解してくれない人をも受け入れることは簡単ではないけれど、長い目でみれば自分に正直になる方がやさしい。すべてがうまくいくわけではないけれど」と慎重に、ゆっくりと話すダンの言葉には、説得力があります。

ダンとティムは子どもが大好きです。子どもを育てる友人かぞくと関わるなかで「自分たちも子育てをしたい。親になりたい」という思いが強くなりました。男性は出産できないため、代理出産なども選択肢としてはありましたが、話し合いの結果、ふたりは養子縁組を選ぶことに決めました。

養子縁組を希望するとき、里親となるためには研修を重ね、多くの書類を書かなければなりません。そのなかで、父親ふたりで育てること、つまり同性カップルが両親になることも明記されます。なぜ里親になりたいのか、どうやって育てるか、年収や育てる場所など、子育ての条件について詳しく書かれている資料から、生みの親は、誰を里親にするか決めるそうです。そのプロセスを経て数ある里親のなかから、ダンとティムは選ばれました。

17年前に息子のジムをカナダのとなりに位置するミシガン州から、その4年後には娘のマギーを南西部メキシコに接するアリゾナ州から、それぞれ迎えました。ジムは白い肌、マギーは浅黒い肌の赤ちゃん。「選ばれたふたりの父親」は、飛行機に乗ってサンフランシスコまで、それはそれはだいじにだいじに、連れて帰ってきました。

ミルクをあげるのも、おむつを換えるのも、お風呂に入れるのも、すべて平等に子育てをしたというふたりの父親、ダディとパパです。子育てを通じて、子どもの個性の違いに驚きました。息子のジムはどちらかといえば従順、娘のマギーはノーとはっきり言うタイプです。強い独立心があり、納得するまでは従わないタイプだそう。「男の子と女の子では、成熟度が違う気がする。子育てを通じて、自分自身の人生を振り返ることができた。子育ては、自分を育てなおすようなプロセスだ」とふたりの

父親は言います。

子どものいろいろな質問について、説明し、親としてなぜこれをするのかと立ち止まって考えることで価値観も変わりました。「優先順位も子育てをすることで変わったと思う。ジムとマギーは健康に恵まれ、深刻な問題もない。間違えたことをしたときには注意する程度。本当にわたしたちは恵まれている。いま、とても幸せを感じている」。

そして、おもしろいエピソードを話してくれました。10歳の頃、マギーがこんなことを言いました。

マギー「女性の仕事をやりたいな。やらせてほしいの」

父ダン「どういう意味？　女性の仕事ってなに？」

マギー「それは掃除に、料理に、洗濯よ」

これを聞いたダンとティムは目と目を合わせ、苦笑いしてしまいました。なぜなら、そのような家事はすべてふたりの父親がやってきたことだからです。

この「女性の仕事」という考えはテレビでマギーが知ったものでした。中学2年生になったマギーは料理に目覚め、サンフランシスコにある有名レストランで中学生が料理体験をするクッキングキャンプに参加します。その後も料理の腕を上げ、いまでは週末になると積極的にかぞくに美味しい料理をふるまってくれるほどになりました。高校2年生のジムはバスケットボール選手として活躍しています。

最後に父ふたりがしみじみと話してくれた「子育てを通じて、わたしたちは尊厳を持って人と接することを学んだ。子育てによって親も育てられ、成長する」という言葉はとても印象深いものでした。

ふたりの母と双子の娘におとずれた悲しいできごと
──ニコールとエレン、ベアトリスとリーナ

ルーワンの通う学校にも「にじいろファミリー」がいます。彼の通うSOTA（Ruth Asawa San Francisco School of the Arts）は日系二世の女性芸術家ルース・アサワ（2013年に87歳でこの世を去るまで子どもたちの芸術教育に尽力した彫刻家）によって、創設された公立の芸術高校です。この学校は、美術、音楽、演劇を学ぶ特別な学校のた

め人気があり、入学試験も実技のオーディションがあるなど、入試倍率の高い有名校です。演劇科による発表会やショーは大人顔負けの才能あふれるパフォーマンスで、多くの人を魅了していると、うれしそうにキャロルが話してくれました。

ルーワンの同級生にベアトリスとリーナがいます。モデルのように背が高くスタイル抜群の美しい双子の女の子で、ベアトリスはチェロ、リーナはヴァイオリンを演奏します。彼女たちのふたりの母親は、ニコールとエレン。ニコールは内科医、エレンは看護師、ふたりは職場で知り合いました。ニコールはロサンゼルス生まれ、エレンもサンフランシスコ生まれ、西海岸の開放的な文化のなかで育ったふたりには、共通点も多く、出会ってすぐに意気投合、将来をともに歩むことを決めました。やがてふたりは母となり、双子の娘と幸せな日々を過ごしていました。

ところが、ベアトリスとリーナが13歳のとき、これまで温厚だったエレンは、激しい性格に変わりました。いままで使わなかった汚い言葉も平気で使うようになったり、態度が荒々しくなったり、かぞくはとまどいを隠せなかったといいます。最初は日々のストレスが原因と考えたニコールが長期休暇をすすめましたが、エレンの状態はそれほど単純なものではありませんでした。検査を受けてみると、感情をコントロール

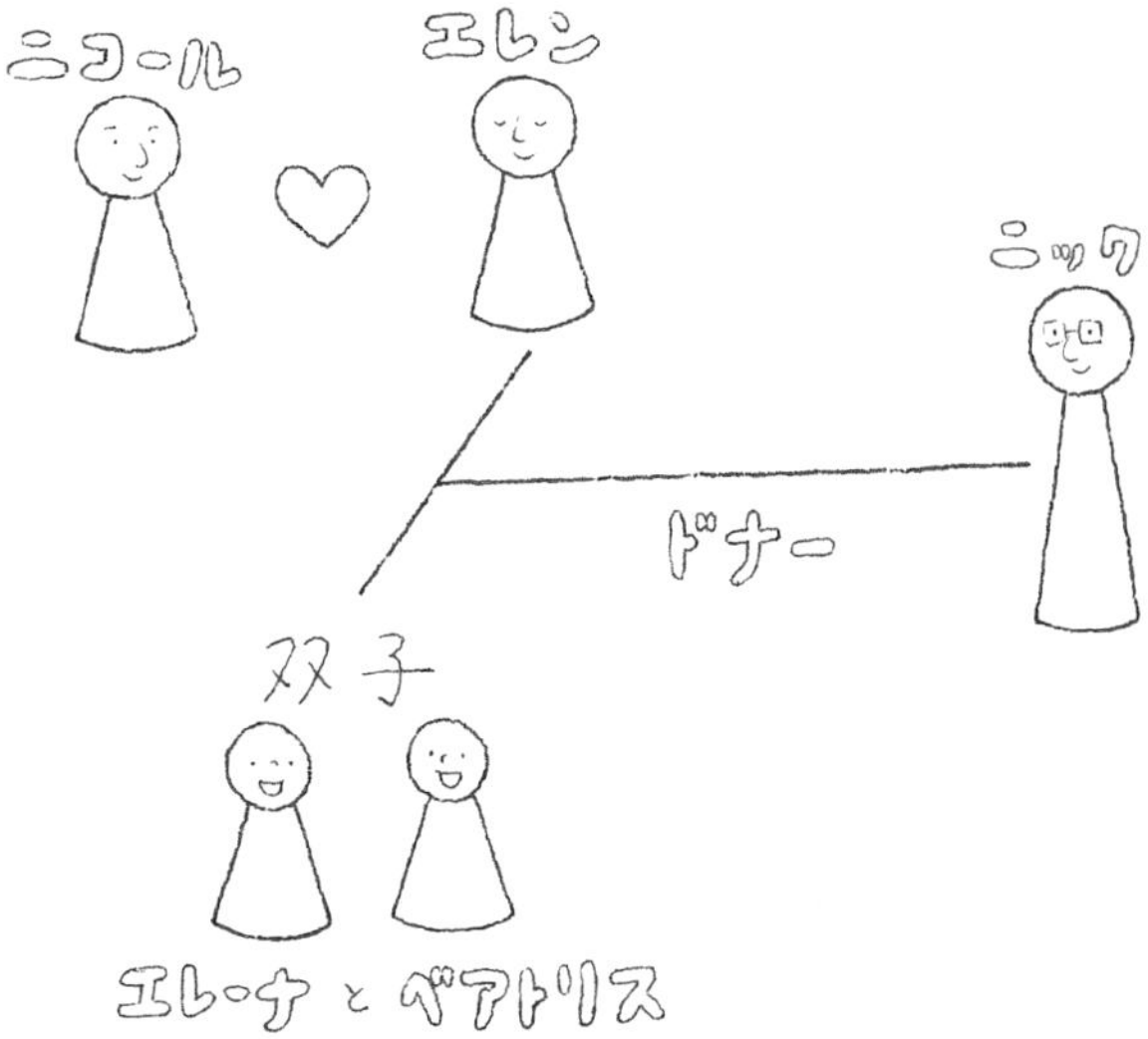

する脳の部分に腫瘍《しゅよう》が見つかったのです。

脳腫瘍と闘う日々が続きました。医者としてかぞくとして懸命に治療しようとするニコール、それを支える娘たち。「こんなつらいことが、こんなにも幸せなかぞくに訪れるなんて、何度もこれは悪夢であり、現実ではないと思いたかった」とニコールは振り返ります。

エレンを支えようと、多くの友人がお見舞いにきました。特にルーワンの母親キャロルとジェイミーは食事を持っていったり、マッサージセラピーをしたり、エレンのためにできるかぎりのことをしました。エレンは手術を受け、一度は恢復《かいふく》すると思われましたが、発病から1年半後、50歳という若さで天国に旅立ちました。

ともに日々を重ね、愛をはぐくんできたかぞくにおとずれた愛する人との別れ、このようなできごとは突然に起こります。かぞくとなって18年、この早すぎる別れは深い深い哀しみですが、天国で見守る母エレンとともに、もうひとりの母ニコールと双子の娘たちは強い絆で結ばれ、力強く生きています。

彼女たち、ニコールのかぞくはユダヤ教を信じる人たちです。クリスマスを祝う人が多いアメリカで「わたしたちはユダヤ教徒だから、クリスマスはお祝いしないの。でもハヌカ、光の祭典があるのよ」とニコールが教えてくれました。世界には多くの宗教があります。わたしは12月のクリスマスは知っていたものの、ユダヤ教のことは知りませんでした。ハヌカは紀元前2世紀にギリシャの弾圧からエルサレム神殿を取り戻したことを記念するお祝いです。クリスマスにはクリスマスツリーがあるように、ハヌカではハヌキアと呼ばれるろうそくの台をつかい、光の祭典をするそうです。

性的マイノリティであり、加えて宗教としてもマイノリティのユダヤ教を信じるかぞくであるということ、アメリカでは人種も宗教もさまざまであることを実感します。

国境を越えた6人かぞく――母ふたり、父ふたり、エヴァとアリス

キャロルは、スタジオで絵を描き、自宅では、妊婦を対象としたマッサージの専門家として働きます。そのクライエント（患者）のローラとローラ、ふたりは同性カップル。ローラは産科医、もうひとりのローラは音響ディレクターとして、ジョージ・ルーカス・フィルムで働く才能あふれる女性です。

ふたりは32歳のとき、一緒に住みはじめました。それから1年後、最初の大きな決断をします。それはサンフランシスコに150年前に建てられたヴィクトリア調の家を買うことでした。その街の歴史をみてきたこの豪邸が1998年（まだ同性婚が認められていないとき）に、同性カップルによって所有されたこと、そしてさらにそれが「女性」であることは新たな歴史をこの家に刻むことになり、そのことは彼女たちの誇りとなっています。

サンフランシスコでは完全に自分自身でいられると話す医師のローラですが、ほか

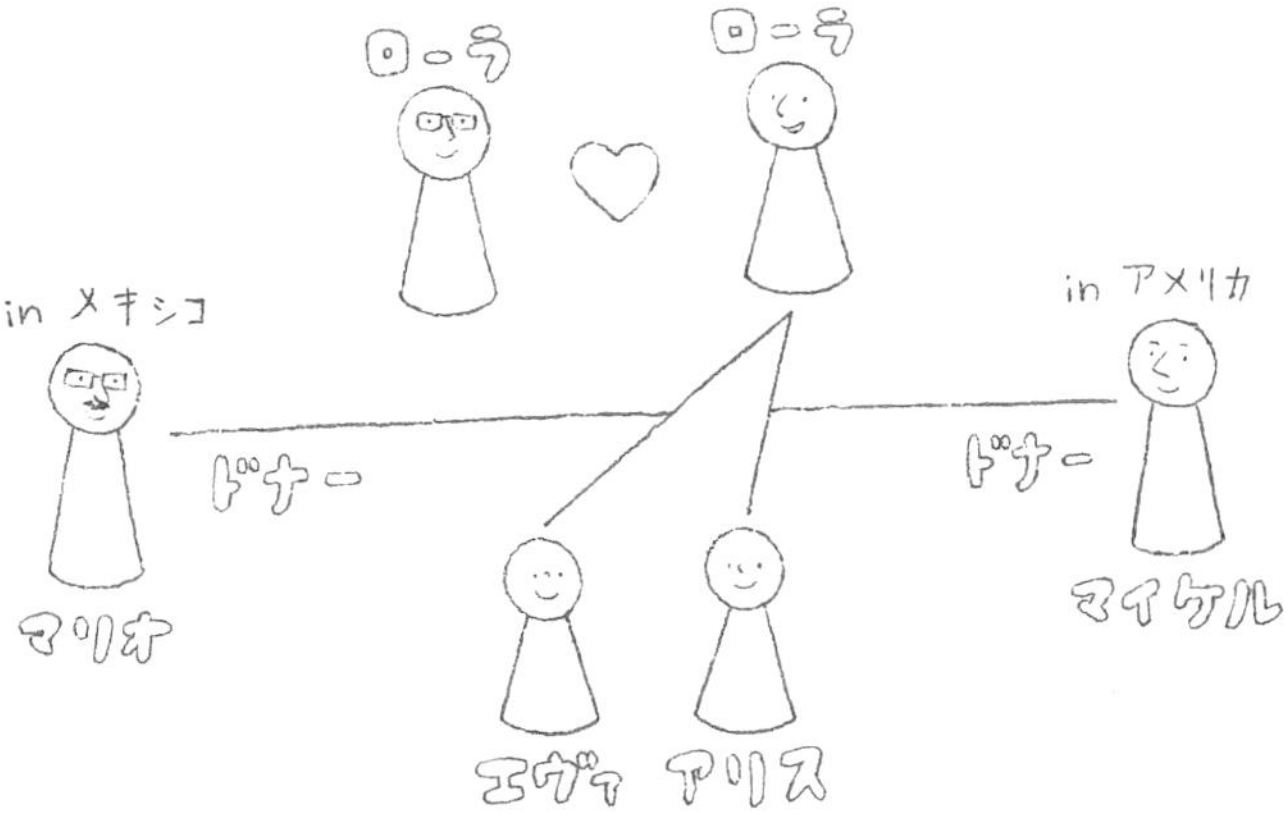

の州にいたらそんなふうにはなれない、もしかしたら、仕事にも就けないかもしれないと言います。産科医としてすべての患者さんに自分の個人的なことを話す必要はないけれど、レズビアンのドクターと知って心を開いてくれる患者さんもいるし、ローラのような存在が安心感を与える場合も多く、それを受け入れてくれる人々の価値観がサンフランシスコにはあり、いきいきと仕事ができると言います。

いまは、自由に生きるローラも米国中西部ミシガン州で養父母に育てられ、迷える10代のときがありました。同性とつきあうことを両親は快く思わなかったので、両親には隠していた時期もありました。ボーイフレンドともつきあってみたり、その後またガールフレンドとつきあってみたり、彼女自身、自分の性的指向がよくわからない時代もありました。

30歳のときに、「この人こそ人生のパートナー」と確信したもうひとりのローラと出会い、両親に伝えます。その当時も両親は歓迎ムードではありませんでしたが、その後ローラの両親が手のひらを返して喜んだこと、それがエヴァの誕生でした。レズビアンの娘には孫などとうてい期待できないと最初からあきらめていた両親にとって、最高のプレゼントになったのです。

音響ディレクターのローラも米国中西部にあるオハイオ州で生まれ、比較的自由な考えの両親に高校時代にカミングアウトし、大学からはニューヨークシティで過ごしました。大人になれば、仕事を持ち経済的にも自立することで、自分自身を守れますが、10代は難しい年齢、友だちの目、社会の目、両親の目、すべてが気になってしまう時期だったとローラは振り返ります。「いまはインターネットのおかげで、LGBTQ+の情報が入手しやすく、以前ほど孤独を感じなくてもすむ。有名人が若者に向けて発信する『いじめはやめて、自分自身を、そして相手をだいじにしよう』、『悩みがあっても自死の道を選ばないで、希望はある』などのメッセージも助けになっていると思う」と話してくれました。

結婚してから3年後、2人のローラは子どもを育てることを決断します。養子を迎え里親になるのか、代理出産なのか、出産するとしたらどちらが産むのか、その場合、誰から精子提供してもらうのか。同性カップルにとっては「かぞくをつくるのは選択の連続」です。産科医であるローラが、同僚の医師でありゲイであるメキシコ人のマリオから精子提供を受けて、はじめにエヴァが生まれました。パパ・マリオはその後メキシコに帰国し、研究者として活躍していますが、エヴァ、そしてエヴァの妹のアリスにとってのもうひとりの父親として、現在も関わりは続いています。夏休みや冬休みなど学校の長期休暇には、メキシコシティにマリオとそのかぞくに会いに行き、親交を深めています。

パパ・マリオは6人兄弟の長男、親戚も多く、メキシコのかぞくはゲイであることを受け入れていたものの、エヴァが生まれたときのマリオの母親の喜びは天にも昇るほどでした。メキシコシティの家に赤ちゃんのエヴァが訪れたとき、一目見ようと15人の親戚が集まり、お祝いの大宴会をひらきました。ゲイの息子には、結婚、ましてや子どもをさずかることなどあきらめていた両親にとって、孫ができることは、思いもよらない素晴らしいことだったのです。

アリスの父親マイケルは、産科医であり「性と生殖に関する権利（リプロダクティブ・ライツ）」に関わる専門家です。ダディ・マイケルの住まいはローラたちの家から徒歩15分のところにあります。週末は一緒に食事をしながら、学校生活や興味のある話題について話し、長期休暇にはロンドンやパリにも娘たちを連れて行ってくれる父親です。最近では、ボストンまで大学のオープン・キャンパスのためにエヴァと出かけるなど、娘ふたりとの関わりを大切にしています。

日々の生活をともにするのは母親たちとエヴァとアリスの4人であり、親権は2人の母親が持つものの、2人の父親が加わって6人かぞくとなり、祖父母は8人、さらに親戚を含めると、なんと豊かな大かぞくになることか。誰もがエヴァとアリスの成長を楽しみにしています。このふたりの存在はかぞくを結びつけ、たくさんの人に大きな喜びをもたらしました。

同じようにキャロルとジェイミーの息子、ルーワンもたったひとりの孫、たったひとりの甥として親戚の皆から愛されています。キャロルの妹もジェイミーの姉も未婚であり、さらに父親のジョッシュの弟にも子どもがいないため、6人の祖父母にとっては目に入れても痛くないほど愛おしいたったひとりの孫。ルーワンが幼い頃のクリスマスには大きなテディベアが3つ、そしてたくさんのおもちゃも届き、部屋のなか

がいっぱいになってしまうほどでした。それ以来、1人につきひとつのプレゼントにしてほしいとキャロルとジェイミーが祖父母6人に頼んだというエピソードは、エヴァとアリスにも共通するとローラたちも笑っていました。

エヴァとアリスの学校で、友人たちは「ママとマミーがいるってかっこいいよね。なんだかうらやましい」と好意的にとらえて、素直な好奇心で「ママとマミーって、母親2人ってどんな感じなの」と彼女たちに聞いてきます。そんなときは「ママとマミー、パパとダディはわたしたちのことをよくわかってくれているし、考えてくれている。よくないことはよくないと指摘してくれる、ときには注意もしてくれる。いつもわたしたちをひとりの人間として尊重してくれる素晴らしい人たち」とこたえているそうです。学校にはほかの同性カップルの子どももたちもいて、どの教師も自然に受け入れています。エヴァとアリスにかぞくの様子を質問してきますが、その視線は温かく、新しいかぞくのスタイルとして認めているのです。そしてふたりのローラも学校行事に積極的に参加しています。音響ディレクターのママ・ローラはＰＴＡ会長をつとめた実績もあり、皆からの信頼も厚く、娘たちの親として、その役割を楽しむ余裕さえ感じます。

サンフランシスコの10代とそのかぞく

アレクサとそのかぞく

キャロルとジェイミーの友人、アラン（父）とケイト（母）の娘アレクサは15歳です。2年前、13歳のときにカミングアウトしました。「クラスのなかでいちばん最初にカミングアウトしたのはわたしでした。10人に1人か2人はLGBTQ＋と学校で教えてもらっていたから、そんなにめずらしいことでもないよ」とアレクサ。「この子は小さい頃から、スカートやドレスにまったく興味がなかったし、ディズニーのプリンセスになりたいということもいっさいなかった。身体を動かすのが大好きで、木登りしたり、サッカーしたり、本当におてんば娘だった。だからこの子が、『わたしはレズビアンなの』と打ち明けてくれたときはそれほど驚かなかったわ。それまでは、ふさぎこむことも多かったから、自分自身に正直になれたんだなって安心したの。いままでは、ありのままの自分を認めるアレクサを、とても尊敬し誇りに思う。ストレート（異性愛者）でないことも自然なことでしょう。アレクサがカミングアウトできて本当によかった」と母のケイトは、笑顔で話します。

そんな母からアレクサへの願いは「それはね、孫のこと。女性でも男性でもいいから、いい人と結婚して、孫をつくってくれたらね、アレクサがかぞくを持ってくれたらそれでもう十分なのよ。わたしが望むのはそれだけ」そんな母親の話を聞きながら、アレクサの表情は明るく自信に満ちています。父のアランも、やわらかな心で娘を受け入れています。

アレクサは続けて「弟へのカミングアウトは驚くほど簡単だった。ふたりでテレビを観ているとき、『わたしね、自分がレズビアンだって気づいたの』と言うと、弟が『ぼくはずっと前からそのことは知ってたよ。言えてよかったね』って。たった3分よ」とウィンクしました。そのとなりに、ちょこんと座る弟のザック、彼女もそのかぞくも前向きでとても優しい表情をしています。

スカイと母

スカイは、長い金髪のストレートの髪を真んなか分けにした小柄の13歳の女の子。自分を「クイア」と呼んでいます。自分がクラスメイトのテイラー（女の子）を好きだと気づいたのは11歳の頃でした。学校でＳＯＧＩ（Sexual Orientation and Gender Identity 性的指向と性自認）やＬＧＢＴＱ＋のことを学んでいたので、自分もクイアのひとりかもしれないと感じました。

自分をクイアと呼ぶのは、自分のＳＯＧＩについてはまだはっきりとはわからない部分があるということです。ある日スカイは勇気を出して、自分がクイアかもしれないと母親のティナに話すことにしました。ティナはシングルマザー、これまでも母ひとり娘ひとり、支え合って生きてきました。母ティナはスカイがカミングアウトした日、４月１日を「記念日」として、ずっと大切にしています。そのときの会話は次のようなものでした。

スカイ「わたし、女の子が好きかもしれないんだけど、いいかな」

母ティナ「そうなの。わかった。わたしはいつもあなたの味方よ。それだけは忘れないで。あなたが自分自身のことをわたしに話してくれて本当に嬉しい。ありがとう。

これからもわからないことばかりだから、ＬＧＢＴＱ＋について教えてね」
それ以来、スカイは母に多くの知識と情報を伝えています。

アレクサもスカイも学校でＬＧＢＴＱ＋について学び、10代の性的指向や性自認は、とても流動的なものであると知っています。「異性が好きなのか同性が好きなのか、自分のからだの性に対してどう感じるか」については、変わりやすい時期といいます。アレクサは、カミングアウトした友人８人も含めて、「10代は自分の性について常に複雑に変化していく可能性があるとき」と力強く語っていました。いま、アレクサが夢中になっていること、それはＧＳＡ（41ページ参照）のメンバーのひとりとしての活動です。ＧＳＡとは性的マイノリティと異性愛者の生徒たちがともに差別の解消に取り組むクラブであり、自分たちの学校をより過ごしやすい場所にすることを目的としています。成立してから約20年間で全米の学校で４０００を超えるまでに広がりました。いまでは、イギリス、オーストラリア、カナダ、メキシコなどの学校にもあります。その活動を通してＬＧＢＴＱ＋についてまず知ること、さらにおたがいを尊重する素晴らしさを、学校にいるすべての人に伝えています。

日本のにじいろファミリー

サンフランシスコのにじいろファミリーの話を聞いたわたしは、日本の「子どもを育てるLGBTQ+のカップル」に会ってみたい、直接話を聞いてみたいと思うようになりました。

書籍やインターネットの情報から知ったのは、トランスジェンダー（FtMトランス男性）の杉山文野さんのかぞくをはじめ、「にじいろかぞく」の存在でした。幸運にもご縁をつなげていただき、その会員のレズビアンカップルに話をうかがうことができました。そして、「にじいろかぞく」の代表で『母ふたりで〝かぞく〟はじめました。』の著者、小野春さんに依頼し、ゲイカップルの話を聞くことができました。

個人として、カップルとして、かぞくとして、自分らしく懸命に生きることの尊さを知りました。そして同時に、いまそこにある日本社会の現実が見えてきました。

＊

奇跡の出会い——あきさんとななこさんのはなし

あきさん（仮名）とななこさん（仮名）は女性同士のカップル、連れあって12年になります。

自宅の白い壁には、7歳と5歳の娘さんたちのカラフルな絵が飾られています。母ふたりとして、子どもを育てる日々にどんなことを感じているのでしょうか。日本社会に同性カップルのかぞくは、どう受け入れられているのでしょうか。

新しい第一歩

ふたりの出会いは、ななこさんが初めて就職した保育園でのＬＧＢＴＱ＋講座がきっかけでした。数年前からその保育園で働いていたあきさんは、職場の数人にカミングアウトしていました。それを耳にした60代の同僚から「うちの息子もゲイでね、フランス人の彼氏がいるのよ。近いうちに、保育園でＬＧＢＴＱ＋講座を主催するから、一緒にやらない？」と声をかけられたのです。

ななこさんは18歳のとき、友人にすすめられ男性とつきあってみたものの、心が満たされませんでした。その後、自分が好きになるのは同性とはっきりわかったのですが、ほかのレズビアンに会ったこともなく、当時（２００８年以前）はＬＧＢＴＱ＋という言葉もなく、実家のリビングにある一台のパソコンをかぞくで共有する時代でした。いまのようにスマホで気軽に検索できれば、もう少し前向きに生きられたかもしれない、出会える場で友人もつくることができたのかもしれないと振り返ります。しかし、当時のななこさんは、同性が好きという自分の性的指向を周囲に知られたら「死ぬレベル」と感じていました。

ななこさんの初めて会った当事者が、パートナーになったあきさんでした。「就職活動で第一志望の保育園に入れず、偶然、あきちゃんが勤める保育園に1年契約で就職し、LGBTQ＋講座がその限られた期間にあったので、まさに奇跡のタイミングです」。

あきさんも同性の恋人とつきあうものの、いつも罪悪感がつきまとっていました。「ただ自分が幸せになりたいだけなのに、なぜ後ろ指を指されなければならないのだろう」という苦悩がありました。けれども、幸運にもあきさんとななこさんは出会い、新しい第一歩を踏み出すことになります。

周囲へのカミングアウト

あきさんの初めてのカミングアウトの相手は、2歳違いの姉と妹でした。当時あきさんは「かぞくに性的マイノリティの人がいるために、きょうだいの結婚が破談になった」という話を聞き、姉妹に相談したのです。すると姉が「あきちゃんのことをわかってくれない人とわたしは結婚しない、そういう人を結婚相手には選ばないから大丈夫」と言ってくれました。それまで姉のイメージは真面目な人という印象だったので、そんな広い視野と感性をもって、性的マイノリティの自分を理解してくれて本当に嬉しかったといいます。

あきさんが母親にカミングアウトしたのは23歳の頃、大失恋をして悶々《もんもん》としていたときでした。母親に泣きながら「これは墓場まで持っていこうと思ったけど、わたしが好きになるのは同性なの。ずっとずっと悩んでいて苦しかった」と打ち明けると、「他人に言える強さくらい持ちなさい。そうでないと生きていけない」と言われたそうです。

一方、ななこさんは、両親には職場の先輩としてあきさんと同居していることにしていましたが、「実は、つきあっているの。あきちゃんを愛している」と母親に伝えました。これが初めてのカミングアウトでした。「なにも言わない母の目から一筋の涙が流れたんです。幸せになれるのなら、それでいいと思ってくれたみたいですけれど。わたしが結婚して孫ができることを楽しみにしていたから、この事実を知ったときには、孫の顔は見られないとあきらめたのだと思います」。

母へのカミングアウトの後、ななこさんと父親は1年半あまり音信不通でした。しかし、あきさんが娘を産んだ後に、父親からメールが届き、娘とななこさん、両親で食事をすることになりました。そのときから父親は、孫として娘をとてもかわいがってくれています。音信不通の1年間、お父さんは「レズビアンカップル」というイメージで悩んでいたのかもしれません。でも、孫に会ったら自然な気持ちになれたのでしょう。「子どもは宝というか、奇跡のキューピッドです。子どもがかぞくをつないでくれています」とあきさんは言います。ななこさんの祖母も、ひ孫の誕生を心から喜んでくれました。娘の七五三のときには、高齢にもかかわらず、遠くからわざわざ電車でお祝いに来てくれました。それはかぞく皆にとっても大変うれしいできごとでした。

娘ふたりの誕生

少し話が前後しますが、同居後しばらくして、ななこさんは「子どもを産まずに60歳になったら、きっと後悔する」と強く思い、あきさんに相談します。しかし、「子どもにパパがいないことをどう説明すればいいの?」「いじめに遭ったらどうするの?」と次々に難問がうかび、毎日一問一答のように、ふたりでとことん話し合いました。

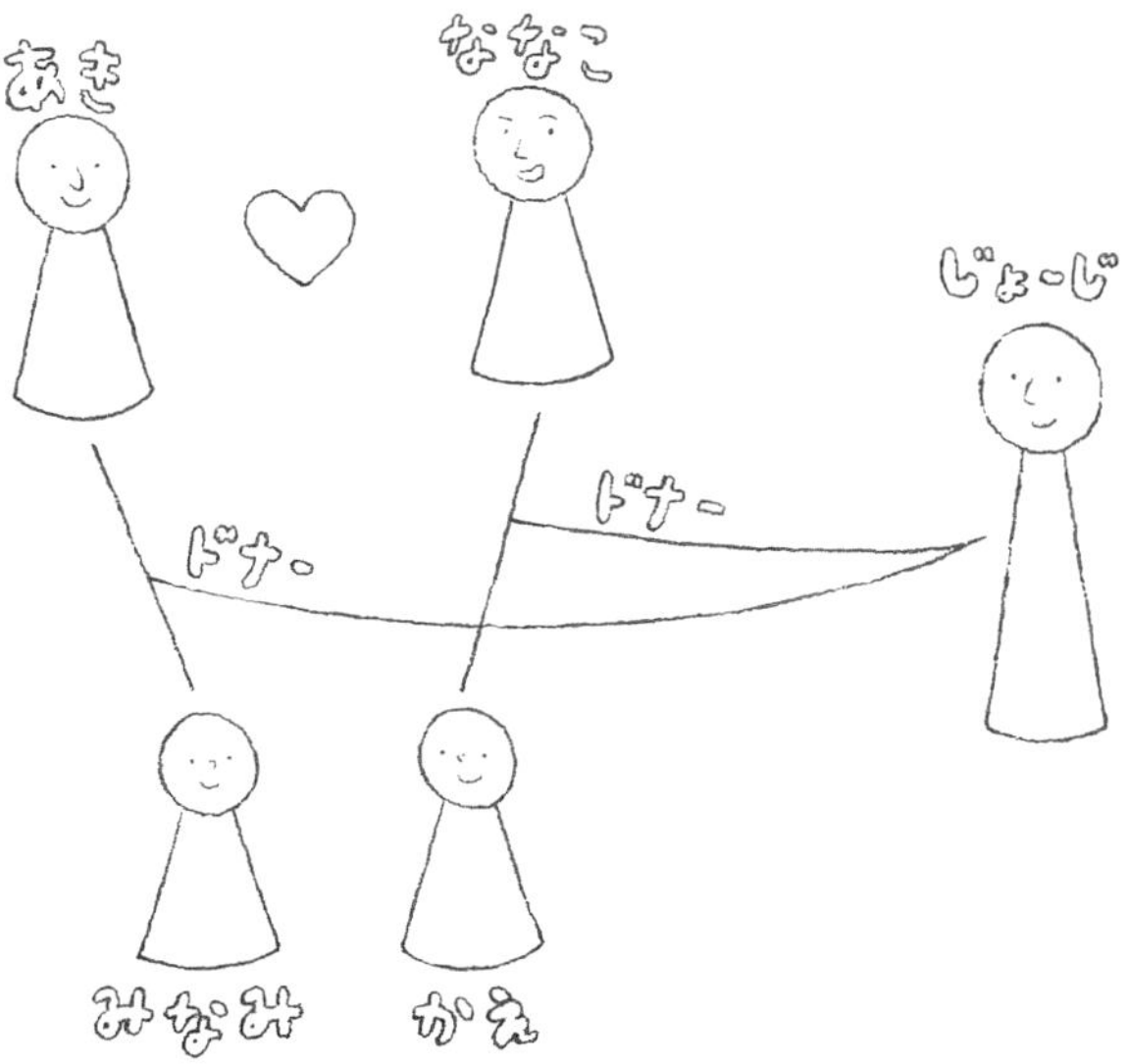

「それでも正解はないです。いろいろ考えすぎると、わたしたちのような性的マイノリティはなにもできなくなってしまいますから、まずは一歩踏み出そうと決心しました。なぜなら、ななこと一緒に子育てすることは、すごく幸せなこと、それが自分の望みと強く感じたから」とあきさんはその胸の内を話してくれました。

「子どもを産む」とふたりの気持ちが固まってから、精子バンクにアクセスし、ドナーを選びました。ドナー選びのポイントは子どもの希望にそった対応をしてくれること、子どもが「パパに会いたい」と思ったときに会えることでした。

まず、年上のあきさんが1人目を産みま

した。出産時には涙があふれ、一生忘れられない感動となりました。その2年後に同じドナーから精子提供を受けて、ななこさんが2人目を産みました。娘たちは、同じ父を持つ異母姉妹のため、よく似ています。

いま、子どもたちは、7歳と5歳です。もし友だちが「お母さんが2人いるの？それってへんだよ」と言ったら、「いろいろな人、いろいろなかぞくがいていいんだよ。それをヘンと言う人がヘンだよ」と言い返していいんだよ、と娘たちには伝えているそうです。そういうことを言われても、気にしないように、小さいうちから伝えています。「先日、娘とドラマを見ていたら、そのタイトルが『ウチの娘は、彼氏が出来ない!!』でした。小学1年生の娘が、これは『彼氏』じゃなくて『彼女』かもしれないのにね、と言ったんですよ」。

母ふたりは「小学校に入ってからも、娘たちの心に大丈夫という気持ちがあれば乗り越えてくれる。親として力になりたいし、娘たちがどんなときでも相談できる親でありたい」と思っているそうです。いろいろ想定をしながら、常に目の前にある問題についてふたりで話し合い、考えて、乗り越えてきています。

子どもが小学1年生になって

上の子が小学1年生になる前に、母ふたりが話し合ったのは「誰が主に子育てを担当するか」でした。それまでは、ふたりともフルタイムで働いていたあきさんとななこさんですが、4月からはななこさんが非常勤になることを選びました。「わたしがメインの子育てをすることで、子どもが体調不良のときに仕事を休めて、学童のお迎えにも行けて、子ども、そしてわたし自身も無理なくいられる環境をつくりました。小学1年生の生活を考えると、学童保育所に夜の7時まであずけることにしなくてよかったといまは思っています」となななこさんは言います。

自分のキャリアを優先して、子どもにがんばってもらうか、自分のキャリアをあきらめるかの選択を余儀なくされるということは、異性カップルと同じことです。しかし、「男は仕事、女は家庭」という性的役割分担にしばられがちな異性カップルとは違い、同性カップルは自然に対等な関係になり、決められるのかもしれません。

子どもを保育園にあずけてからの5年間は、周りの理解もあり、法的なやりとりも円滑でした。しかし、娘の小学校入学を機に、社会の意識の低さに直面することになります。具体的には、学童保育所と児童手当（子どもの生活を安定させるためにお金を支給してくれる制度）のことに悩まされました。

「同性カップルの場合、書類上はシングルマザーとなるので、最初は学童保育に入れましたが、『お迎えに来られる人がいるなら、学童入所できない』と手続き後に言われ、取り消されそうになったのです。同性カップルは、同性婚が合法化されていないため、法的には『シングルマザー』になると説明してもわかってもらえず、行政側に都合がいいときだけかぞく扱いされて、不快な思いをしました」。児童手当についても「お宅の実態はかぞくですよね？」「いいえ、家は結婚していませんから、婚姻届けが受理されていませんから」というやり取りが何度も繰り返され、役所にわかってもらえませんでした。半年もトラブル状態が続き、区の議員に相談することでようやく解決できたといいます。

「子どものいない同性カップルでも医療や相続のことで困ることもありますが、子どもが生まれてからは、より行政に対する意識を持たなければならず、子育てだけでも大変なのに、ほんとうに疲れます。法的に同性婚が認められていないため、行政側に一から説明していかなければならないのです。行政の無知には困り果てました。これ以上、余計なストレスを背負わせないでほしいと切に願います」。

同性カップルは、婚姻が認められていないため、将来への不安もあります。扶養控除（養うかぞくがいることで税金が減ること）を受けることができない、相続や親権の問題もあります。それを解消するために、あきさんとななこさんは公正証書（法的に契約などをした事実を証明する文書）を作成していますが、そのために、お金と時間がかかるだけでなく、大きな心的負担も伴いました。

アメリカの同性婚が合法化された理由のひとつは、「ＬＧＢＴＱ＋の子どもたちの権利を守るため」でした。アメリカでは結婚ができないことで、１０００もの社会保障（個人に代わって国が人々の生活を保護し守ること）が受けられないという現実があります。次世代のために、法律を変えていく発想が必要なのです。婚姻届が受理されれば、解決する多くのことがあります。法律によって守られる部分が大きいのです。同性カップルの当事者のため、さらに子どものためにも、法律を整える必要があるのは明らかではないでしょうか。

ふたりの願い

今年あきさんは40歳になりますが、10代、20代のときのカミングアウトの方が、若さと情熱、勇気があったせいか、乗り越えるのに、いまほど時間がかからなかった気がしています。あきさんにとっては、いまの方が、否定的に受け取られたカミングアウト後は「相手に理解してほしいと期待してしまうためか、経験を積んでいるはずなのに、若い頃よりも深く傷つき、立ち直れない」と感じています。こう感じてしまうのは、これまでありのままの自分でいることをがんばりすぎたからかもしれない、とも感じているそうです。

カミングアウトすると「わざわざなんで言うの？　カミングアウトなんて、なぜするの？」と返されることがあり、当事者の「言わないつらさ」「言わなければ、心を開いてつきあえない不自由さ」があることをわかってほしいとあきさんは言います。アウティング（他人が本人の了解を得ずに公にしていないSOGIなどを暴露する行動のこと）で傷つく人をつくらないためにも心を配る必要があるということでしょう。

あきさんにとってカミングアウトは「何歳になってもむずかしい。常に葛藤があります。恋愛の対象は男の人という前提で話が進んでいくので、いつも二択を自分のなかで迫られています。言わないとすべてのことについて人と距離をとって話を合わせ、うその上塗りになる。それをとるか、カミングアウトしたらどうなるか、リスクはどっち？　と考える、これが結構きついです。人を選ぶというのもだいじなのですけれど、結構失敗もしています」。

一方、ななこさんは、昔よりもカミングアウトのハードルは低くなったと感じています。それでも、「子どもが関係することは悪い方にいくと厄介なので、カミングアウトをする人は選びます。ありがたいことに、子どもの関係でカミングアウトした後のトラブルはないですけれど。ときどき誰にカミングアウトしたかもわからなくなっちゃうときがあって。相手が忘れちゃってるのか、わたしが言わなかったのかどうか、職場でもわからなくなっちゃって困ります」。

ふたりの共通する願いは、カミングアウトしなくても、自然な会話ができることです。「友人関係をつくりたいと思っても、固定観念で決められた会話が進行しているときに伝えるかどうかと葛藤します。いちいち言わなくても、構えなくても『ああそうなのね』という世の中が早く来てほしい。自然に日常会話のなかで話せたらいいな。うそをつかないで、隠さないで、作り話せずにつきあいたいです」。

「一度へんな方向に進んでしまったら、人の記憶は消すことはできないわけですから」。子育てがはじまってからのカミングアウト、特に上の子が小学校に入った直後、PTAへの参加の仕方を考えました。PTAには両親で参加する親もいますが、お母さんの方が多いから、最初にPTAや授業参観に参加した方が「お母さん」と認識されると考え「1回目の会議にどっちが行く?」「窓口になるのはどっち?」とシミュレーションしてみたといいます。

学校には、上の子の保護者名は親権を持っているあきさんの名前が登録されています。しかし、いま、主に子育てをしているのはななこさんです。この現実をどうすればいいのでしょうか。ななこさんが学校行事に参加して、「あき」と名乗ることはできても、それは次に入学する下の子にも関係してきます。結局、うそはよくない、それはやめようということになりました。

「男女の夫婦で成り立つ社会に、同性カップルのかたちをどうやってマッチングしたらうまくいくのだろう、ということをいつも考えている感じです。パパ、ママじゃないけれど、その立ち位置でいる方が、娘のために居心地がいいのかなぁと考えます。一度はわたしの存在を消して母1人としてななこだけが登場するというシナリオも考えました。こうすれば、友だちも保護者も、目の前にいる人がお母さんだと思うので、話はシンプルになります。でも、娘たちのことを考えたらよくないと考え、結果的には2人で学校行事には参加しています」。娘たちのために、なにがベストかといつも話し合い、試行錯誤しながら、懸命に子育てする母ふたりがいます。

パートナーシップ制度の力

パートナーシップ制度が渋谷区に導入されてからは「ママ友と話していても自然に受け止めてくれる人が多くなって、どんどん理解が進んでいる気がしています」。「説明しなくてもいいのがいちばんありがたい」と、法律が整えられることは大きな社会の変化につながっていくと肌で感じている母ふたりです。さらに、同性婚はもちろん、夫婦別姓が実現すれば、スムーズになることも多いのです。「ただ選択肢を増やしてほしいだけ」という思いは多くの人が持っているものです。選択肢が増えるということは、同性婚、法律婚、事実婚、夫婦別姓を誰もが選べるということです。この先はもっとLGBTQ+の認知が広がることによって、法律も変わるとふたりは考えています。

あきさんとななこさんのような母ふたりの生き方に対して「女性は高齢の人でも

『そういう生き方もあるよね』と声をかけてくれるのですが、世代が上の男性の理解は進んでいません。むかしながらの日本のかぞく観に合わないと否定されてしまう」とあきさんは感じています。

同性婚が法制化されて20年以上のオランダの日常会話、「結婚したんだ」「おめでとう。それで、相手は男性？　女性？　それとも？」が自然にできるような日本になることを、ふたりは願っています。

支え合う関係――誰もがマイノリティ、誰もがアライ

「カミングアウトしたときに『そうなの。でも、皆にわかってもらえることじゃないから、周りに言わないほうがいいよ』とアドバイスをしてくる人もいます。その人自身は否定していないはず、なのに『この人からも否定されている』という気持ちになります。言わなければよかったと思ってしまう。周りに言う、言わないはわたしが決めることですよね。その人自身の価値観で決めつけられる感じがあって、そういうアドバイスにはとても傷つきます。だから、カミングアウトしたから万事うまくいく、というわけではない」とあきさんは言います。

「あるプロ野球選手が自分にダウン症のお子さんがいて、その子への言葉は『かわいいね』、それだけでいいという話をしていた。『大変だね』『かわいそうに』などの余計な言葉はいらない。別に難しく考えることではないですよね。わたし自身もLGBTQ＋に関してはわかるけれど、ほかのことについてはわからないことも多い。でも、ただありのままを受け止めること、それがだいじだと思います。それはほかのマイノリティにも共通している」となこさんは考えています。

打ち明けなくても、人にはマイノリティとしての部分があるものです。わたし自身の経験ですが、友人が心を開いて離婚経験や流産の話をしてくれたのは、一種のカミングアウトと考えられると思っています。自分のきょうだいに障害があるという人、DVを受けていた人、性的虐待の経験を持つ人、ハラスメントに苦しんでいた人、ひきこもりの当事者やそのかぞく、どれも話さなければわからない個人の体験です。人はなにかしら抱えて生きているのではないでしょうか。

また、不自由なく育った人でも、「外国で生活したことがある人」は、マイノリティの経験者といえるかもしれません。言葉の不自由さ、なれない環境のなかで生活する苦労を知っています。文化によって価値観は異なり、物事の優先順位は違うのです。ここで多様性を認めざるを得ない経験をします。自分のマイノリティとしての体験を思い出すことも、他人に思いをよせるきっかけになるかもしれません。

「ＬＧＢＴＱ＋のためのアライというより、それぞれがなにかしらのマイノリティ性を持っていると考えれば、否定しなくていい。お互いそれぞれ異なる人間同士、『わたしはこうだよ』、『あ、そうなんだ』というように打ち明けて、それでつながる関係もあれば、相容れない関係もあるかもしれない。でも、『あなたはこう。わたしはこう』それだけでよくて、そこに否定や差別はいらないですよね」。相手の存在をただ認めることの大切さをふたりは話してくれました。

「だれもがマイノリティになりうるということですよね。それぞれ、なにかしらの当事者であり、皆アライであるような、応援し合う人間関係の社会を望みます。そう考えると、わたしたちを支えてくれる人はアライということです。『支える人、支えられる人』の関係は、ときには逆転することもあり、お互い支え合うことができる」とあきさんは言います。

「知らないことに対しては、自分自身も無意識に差別しているかもしれません。いろいろあっても、考え続ける人間関係というところに期待したいです」というあきさん

DOUBLEB

の言葉が心に残りました。

人生を変えた優さんの深い望みと蒼さんの支え

優《ゆう》さん（仮名）と蒼《あお》さん（仮名）は、つきあって6年になる40代の男性同士のカップルです。ふたりは仕事のため離れて暮らしていますが、互いを尊重し、認め合う関係です。28歳のとき、優さんはあることをきっかけに自分の深い望みに気づきます。ふたりのこれまでの人生、子どもをさずかったいまを、どんな気持ちで過ごしているのでしょうか。

優さんの思春期、かぞくへのカミングアウト

海のある街で優さんは生まれ、両親、兄の4人かぞくで育ちました。母親は仕事がとても忙しく、幼い頃は伯母に育てられた時期もありましたが、母親は「人生でいちばんうれしかったのは息子たちが生まれたこと」と、優さんが大人になってから話し

てくれました。

「ぼくにとって、10代は暗黒時代でした」。小学生の高学年になると自分のセクシュアリティに悩む優さんは、圧倒的な絶望感に追いつめられ、教室の窓から飛び降りたらラクになれるのに、と何度も思いました。思春期はこころとからだの成長がいちじるしく、誰もが不安定になる時期ですが、優さんはその悩みを、誰にも相談できずにひとりで抱えていました。セクシュアリティのことはかぞくやきょうだい、身近な人には特に伝えづらいものです。勇気を出して相談したのにもかかわらず、打ち明けた相手から否定されるのは、自己否定している自分へさらなる追い打ちをかけることにもなるからです。

当時の優さんは、いまのようにインターネットの情報もなく「自分のような人間は世界でたったひとりではないか」と悩み、10代の頃には自分の20歳以降の人生を思い描くことができないほど、孤独で不安な毎日を送っていました。

高校時代に、アメリカのワシントン州に1年間留学した優さんは、自分を自由に表現することに価値をおくアメリカ文化に影響され、自分がゲイであることを受け入れていきます。かぞくにカミングアウトしたのは上京後の大学在学中、20歳のときでした。

その場所は、実家から東京に帰るときの新幹線の改札でした。優さんを見送る両親に「実は、ぼくはゲイなんだ」と伝え、改札をぬけて東京行きの新幹線の方へ向かいました。カミングアウトに関して、母親は「愛する息子であることに変わりはない」と否定することなく、兄もアメリカ生活が長かったせいか、「ああ、そうなの」とあっさり受け入れてくれました。父親は、突然のカミングアウトに驚いたものの「過去の天才といわれる偉人には、同性愛者が多い」と本で知り、自分の息子も天才かもしれないと、優さんのことをユーモアのセンスで前向きにとらえてくれました。ハードルの高いかぞくへのカミングアウトを経て、優さんの心は解放されます。

東京と地方の暮らし

優さんは東京、蒼さんは地方に住んでいます。ふたりの出会いは、優さんが旅行にでかけたときでした。その地方のアプリでつながった蒼さんと優さんは、ドライブすることになりましたが、蒼さんの車の助手席は、優さんにとって居心地がよく、自然体でいられました。その後、出張で東京に来る蒼さんと会うようになり、ふたりはつきあいはじめます。

　蒼さんは、とても保守的な環境で育ちました。もし、カミングアウトしたら両親を絶望させるだけ、「カミングアウトしないことが親孝行」と、両親が亡くなるまで、そしていまもクローゼットのまま暮らしています。生前の両親には「いま、ぼくは結婚していないけれど、幸せだよ。結婚しても幸せじゃない人もいる。親にとっての幸せは、自分の子どもが幸せなことでしょう」と伝えていました。皆が穏やかに生きていくための最善の方法として、蒼さんはゲイであることを公表しない道を選びました。

　地方は、都会と違い、ＬＧＢＴＱ＋にとっては非常に生きづらいといいます。人口も少ない地域では、出会う当事者も固定化していて、アプリでも新しい出会いはほとんどありません。「たとえ、いまオープンにしたところで、会社でも友人関係でもなにもメリットはない。周りとぶつからず心穏やかに生きていくためには、クローゼットのま

まがいいと思っています」と話す蒼さんもまた、10代は苦悩していました。「LGBTQ+の人は、一度は自己否定するんですよ。自分が生まれてきてよかったのかなと思う。でもそこからどう考え直すかだと思います」。

いま、蒼さんは、こう思っています。「なにごとも考え方次第ですよね。どうにかなるさという方向に、いつからか、自分で考え方を変えました。昔は胃が痛くなることは、自分が生きている証のように感じていたときもありました。けれど、いまは、胃が痛くなるまで悩むなんてバカバカしいと思えるので、人生を楽しく生きたほうがいいだろうなと、そちらを選ぶことにしています」。繊細な心と優しさを持つ蒼さんのことを優さんは「太陽みたいな人、安心できる存在」と信頼しています。蒼さんのように、あえてカミングアウトしないことも、ひとつの生き方、選択肢のひとつなのです。

自分の深い望み、それぞれの思い

28歳のときに優さんの身に思いがけないことが起こります。突然の病に倒れたのです。優さんは病気と闘いながら、あと6か月しか生きられないとしたら、自分はなに

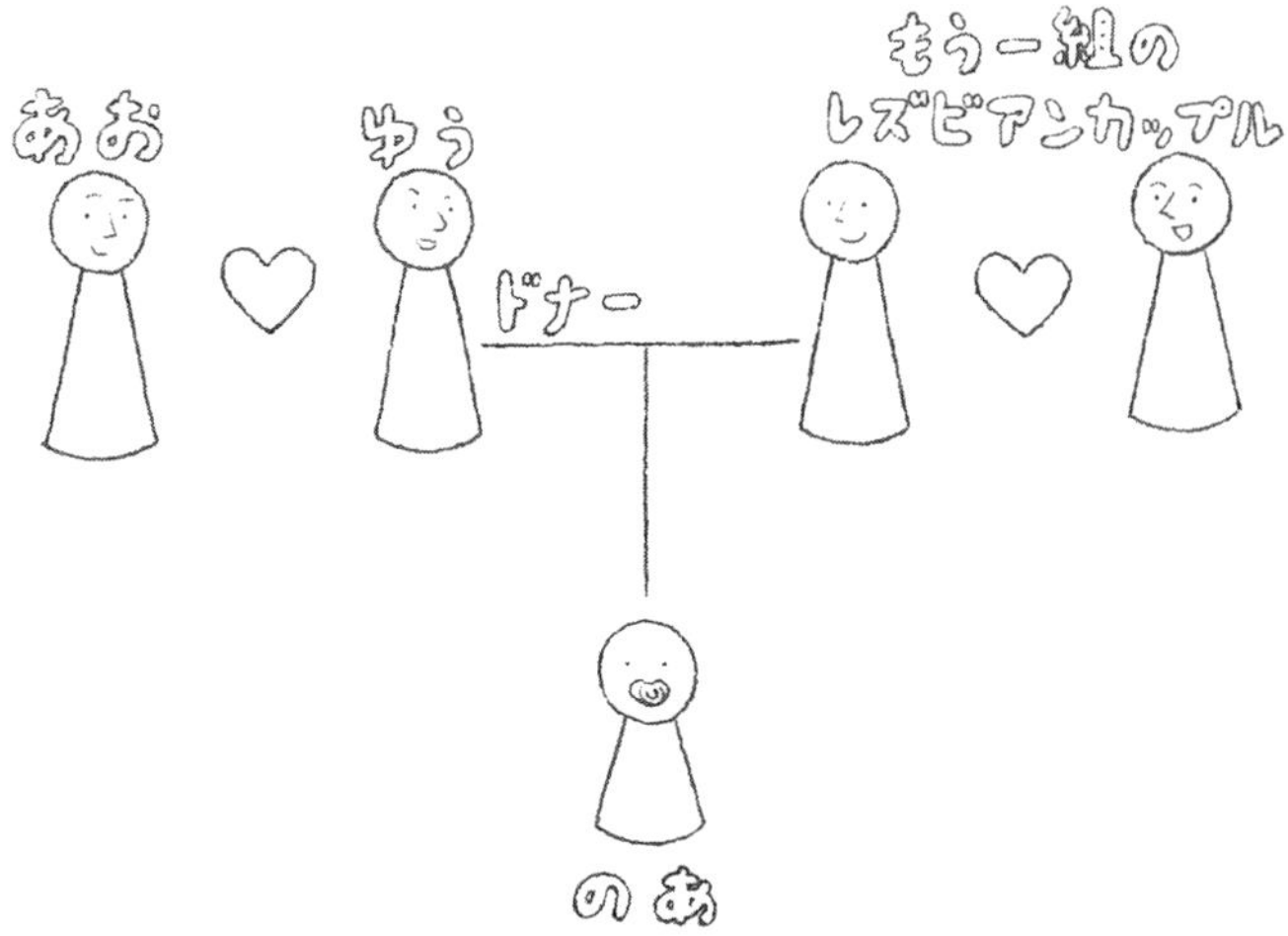

をしたいのだろうかと、「死ぬまでにやりたい10のこと」をベッドの上で書き出してみたのです。すると、そのなかに自分でも驚くような望みが見えてきました。

それは「子どもをさずかり、かぞくをつくりたい」という願いでした。こんな思いが自分自身のなかにあったことに、優さん自身がたいへん驚きました。このような望みは、ゲイとして自分を受け入れた10代のときに切り捨てたと思っていたからです。しかし、余命宣告されたときに心の奥底に閉じ込めた思いが、浮かび上がってきました。それから12年後、優さんは絶妙なタイミングで子どもを持つ機会に恵まれます。

奇跡的に恢復《かいふく》した10年後のことでした。友人が立ち上げたマッチングサービスに協力するかたちで、優さんはドナー（精子提供者）登録し、そこで子どもを望むレズビアンカップルと出会います。優さんのなかには、もしかしたら、あのときの望みが実現するという期待感と不安な気持ちが共存していました。ところが、優さんがドナーになって子どもをさずかることには、蒼さんも、優さんの両親も大反対だったのです。

蒼さんはそのときの気持ちを話してくれました。「ＬＧＢＴＱ＋の親のもとに、生まれ育つ子どもの人生が厳しい状況になることは間違いないので、その子にとってどうなのか。その子の人生の責任を誰がとるのか。実際に子どもをつくるのは勇気ある決断なのか、無謀なのか、わからなかった」。

しかし、話し合うなかで、蒼さんも優さんの思いを受け止めてくれるようになります。子どもを持つにあたり、あらゆるケースについて話し会いました。レズビアンカップルふたりと優さん、３人の話し合いに蒼さんの冷静な意見が加わりました。少し離れた立ち位置で、子どものためになにができるか考えてくれる蒼さんの存在はとてもありがたかったと優さんは思っています。

「両親も、初めは大反対でしたが、真剣な話し合いを通じて、変わってきました。母には『ぼくが生まれたときが、お母さんにとって人生でいちばん幸せなときだったよね。ぼくにもそんな素晴らしい体験があってもいいんじゃないかな』と伝えると、母は否定できなかったです」。

子どもをさずかるときの条件は、母ふたりの両親と優さんの両親、合計6人の親が、子どもを育てることに賛成することでした。その理由は、万が一、親が交通事故にあって子育てできなくなってしまったときには、祖父母に養育をたのむ可能性もあると考えたからでした。そしてなにより、生まれてくる子どもにとって、おじいちゃんおばあちゃんが孫を受け入れてくれなかったらかわいそうだと思ったからでした。

このような話し合いは、1年半続きました。その内容は法律のこと、実際の子育てについて、経済的なことにいたるまで、多岐におよびました。最悪のケースも想定しました。出産と同時に母親が亡くなってしまったら、そのパートナーが亡くなってしまったらと考え、その場合には、誰が育てていくのかについても明確にしました。法律の専門家からもアドバイスをもらい、公正証書で手続きをしました。遺言書も書いています。

「1年半の話し合いは、本当によかった。話し合うなかで、4人の価値観や考え方も共有しました。男女のカップルはそこまで話し合わないことが多いそうですが、生まれてくる子どものためになにがいちばんいいかを、子どもに関わる大人たちが、十分に話し合えたからです」と優さんは言います。

「覚悟」を持って育てていく

自分の遺伝子を受け継ぐ子どもを初めて抱いたときの感動を「本当に特別な感覚がありました。いままでに感じたことのない幸せな気持ちでした。母親の気持ちがよくわかりました。人生でいちばん大切な存在が現れてくれたという感覚、10代のときには想像もしなかった世界がそこにありました」と、優さんはとてもうれしそうに話しました。

一方、蒼さんは「すごくかわいいです。でも、ふつうの男女のカップルの子どもと違うので、ただかわいいだけではなかった。この子が育っていくときにはいろんなことがあるんだろうなぁ、たいへんだろうなぁ、だから、この子を守り、育てる『覚悟』がこれから親には必要だと強く思いました」。

子どもを育てると決めたとき、４人で共有したキーワードは「覚悟」でした。仮に子どもに重度の障害や難病があって、24時間介護が必要になったなら、自分のやりたいことも制限されるかもしれない。それでも、自分の人生をかけて子どもを育てていく「覚悟」があるか話し合いました。子どものためにその覚悟があるのなら、と優さんの両親も納得してくれたのです。

あらゆることを想定し、法的な手続きを実行していても、子どもが生まれてから初めてわかったこともありました。優さんが子どもと会うのは、1か月に一度、蒼さんと一緒に行くときがほとんどです。生まれた子どもは、母ふたりが育てることになるので、優さんが子育てに関われる時間は限定されています。そんなとき、優さんは父親としての存在が希薄になってしまう寂しさがありました。「自分にとっていちばんだいじな存在が出現したけれど、日常的に一緒に過ごしたくても過ごせないジレンマがありました。だんだんに自分の気持ちと折り合いをつけていった感じです」。

蒼さんは、優さんの子どもを姪のように、かわいがっています。動物園や水族館に皆で一緒に遊びにいくときは、親が4人いるような感じだそうです。4人で助け合いながら、子どもを世話できるので、日頃の育児から母ふたりは解放され、育児の負担を分け合えるメリットを感じています。

優さんの両親にとっても初孫ができたことになり、子どもの誕生をとても喜んでくれています。

いずれは、「誰が父親なのか」を子どもに伝えると皆で決めましたが、「どのタイミングで伝えるか」は4人の考えがそろったときと決まっています。2歳になった子どもにパパと呼んでもらえない寂しさもありますが、優さんはそのときを待っています。

いま、感じる生きづらさ

いまから3年前、優さんは再入院することになりました。救急病棟にいるときは、かぞく以外は面会禁止という決まりがあります。「パートナーがお見舞いに来て断られたら、蒼もイヤな思いをするし、自分自身も入院してすごく不安定な状態のなかで、パートナーのことを心配するのは、患者としても心の負担は大きいです。事前に両親に話し、緊急連絡先、手術の同意や説明は蒼にしてもらいたいと了承を得ました。その病院では、パートナーの蒼の名前を書類の最初に記入し、その順番に今後は対処してくれると約束してくれました。そして『いつでもパートナーの方に来ていただいてもいい』と言われ、すごく安心しました。ぼくは、このような病院に運よく入れましたが、こういう病院はまだ少ないのが現実です。もっと増えてくれるといいんですけれどね」。

会社での優さんは、表向きはかぞくのいない独身です。万が一、子どもの母ふたりが病気になったり、蒼さんが交通事故にあったりして、このかぞくになにかあったら仕事を休まなければならないときに、同僚に言いづらいという不安な気持ちがあります。けれども幸い、優さんの上司は事情を理解してくれていますし、社内には、LGBTQ＋の窓口があり、相談できるのはとてもありがたいことと優さんは感じています。

子どもが生まれたことについては、当時のネットニュースで取り上げられ、その書き込みは賛否両論でした。半分は否定的な意見、親のエゴ、わがまま、子どもがかわいそうと、ダイレクトに書かれて優さんは傷つきました。「それでも、半分の人は応援してくれていた。身近な人は肯定的なコメントばかりで、それはとてもうれしかったです」と優さんは振り返ります。

ゲイの生きづらさは、カミングアウトしているか、クローゼットかによって異なるし、人それぞれと蒼さんはいいます。「LGBTQ＋という理由で、勘当された友人、自死した友人もいます。自分自身のなかにも、あの日苦しんでいた自分が、いまもいます。ぼくが積極的にLGBTQ＋の当事者として活動するのも、いま、この瞬間にも悩み苦しんでいる思春期の子どもたちのためであり、ぼくの子どもが育っていく社会にLGBTQ＋が受け入れられていくためです。子どもが大きくなって、ぼくの活動を目にしたときに、お父さんはこういうことを考えて、こういうことをだいじにしてやっていたのかと思ってもらえたら」と優さんは考えています。

にじいろファミリーの子ども

優さんの子どもは、いま2歳です。この子が成長したときに伝えたいことは、「まず、あなたが生まれたことは、ぼくの人生のなかでいちばん幸せなことだったよ」というメッセージです。そして「自分をだいじにすることが大切と伝えたい。一般的な家庭とは違う環境で育つので、つらいことも、うれしいことも数多く体験するでしょう。なぜ自分がここに生まれてきたのかと、否定的な気持ちを持つこともあるかもしれません。でも、ベースに自己肯定感を持てれば、自分をだいじにできる。そして、自分自身を大切にすることができれば人を愛せるし、だいじにすることもできると伝

えたい。そして、『6人の祖父母にも祝福されて、あなたは生まれてきた』と知らせたい」そうです。

蒼さんは「世の中には、望まれずに生まれる子どももいる。そんななかで、皆が必死で望まないとあなたは生まれてこられなかったよ。皆が、望んで、望んで、望んで生まれてきたことがわかってもらえたらいい。だからこそ、あなたの人生をだいじにしなさい」と伝えたいそうです。

子どもの周りにいる人たちが、その子をまるごと、愛情を持って受け入れること、子どもを信じることで、自己肯定感は養われます。さらに、文字がわかる年齢になったら、本を読み、蒼さんが太宰治を好きだったように、自分の心に寄り添ってくれる文学作品に出会い、自分の気持ち、親の気持ち、相手の気持ちを学ぶのかもしれません。

日本でもLGBTQ+の親に育てられた子どもたちが成長し、発言する時代が、近い将来にやってくるのでしょう。このようなかぞくのなかで育つ子どもたちが、多様性の豊かさやすばらしさをわたしたちに教えてくれる、そんな未来がきっと訪れることでしょう。

個人として尊重される社会を求めて

――弁護士　森あいさんのはなし

性的マイノリティの人たちが身近になるにつれて、ＬＧＢＴＱ＋をとりまく日本社会の現実を知りたいと思うようになりました。そこで「結婚の自由をすべての人に訴訟」に関わる弁護士の方にもお話をうかがうことにしました。「個人として尊重され、平等で自由な社会」をつくるためのヒントを学べるのではないかと考えたからです。

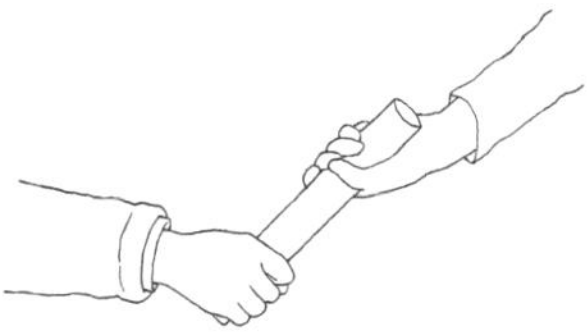

＊

森あいさんは40代の女性です。大学卒業後、30代半ばで弁護士になりました。2019年のバレンタインデーにスタートした「結婚の自由をすべての人に訴訟（同性婚訴訟）」の弁護団のひとりです。森さんは、なぜ「結婚の自由をすべての人に訴訟」に関わるようになったのでしょうか、弁護士として人権問題に関わるなかで、いま、なにを感じているのでしょうか。

「結婚の自由をすべての人に」訴訟に関わる理由

最初、森さんは、日弁連（日本弁護士連合会）に対して「同性婚が認められないのは、憲法違反である」と申し立てする人権救済の弁護団に加わりました。その後、なかなか結果が出なかったため、「結婚の自由をすべての人に」と名づけた同性婚訴訟がスタートし、引き続き、その弁護団のメンバーになりました。

森さん自身は、結婚に興味がなく、結婚したいと思ったことがありません。親も離婚していて、シングルマザーに育てられたので、結婚は夢見るものではない、結婚イ

「結婚の自由をすべての人に」訴訟の原告ら

コール幸せということがわからないと感じているといいます。

「初めは、この弁護団の一員になることを迷いました。ただ、弁護士になって『法律が適用されないこと』で越えられない壁があるということはおかしいと思いました。性別が同じという理由だけで、結婚を望む人がその道をいっさい選べないというのは、どう考えても理解できない、こんなあからさまな不平等が残ったままというのは理不尽だ、という思いから、人権救済の弁護団に入り、続いて『結婚の自由をすべての人に訴訟』の弁護団のひとりになりました」。

日本にもにじいろファミリーは増えている

アメリカの連邦最高裁で同性婚が認められた理由のひとつは「同性カップルのもとで育つ子どもの権利を守る」ためでした。一方、日本では、そのような発想を持つ人はまだ少なく、同性婚が認められるのは、子どものためによくないと考える人もいます。アメリカでも、同性の両親が子育てすることに対して否定的な意見もあります。しかし、１９７０年代以降の調査によれば、同性愛者の親を持つ子どもが、異性愛者の親を持つ子どもと比べて、情緒、認知、社会性、性的な発達過程において不利益を被っていると示す研究はひとつもないと結論づけられています。さらに、同性親に育てられ、成長した子どもたちの発言によって、両親の性的指向は人格形成に影響がないことがわかってきました。

「日本では同性カップルとその子どもの存在を知らない人はまだ多いです。オープンにしていないことも多いので、実際には存在しているのに気づきづらいと思います。そのため、子どもたちの存在が同性婚を法制化する大きな要因となる展開は、日本ではまだあまり見えません。しかし、日本にもにじいろファミリーは存在します。わたしの周りでも、女性同士のカップルで子どもを育てている人が増えてきています」と森さんは言います。「にじいろ子育て調査（２０１９年４－５月）の報告書」によれば、当事者４７０名のうち、子育て経験のあるＬＧＢＴＱ＋１２５名が存在する、つまり当事者の約４分の１に子育て経験があるという結果があり、アメリカのように大規模でないにしても、日本にもＬＧＢＴＱ＋の親に育てられた子どもは存在しています。同性カップルで子どもを育てるレズビアンカップル、ゲイカップル、トランスジェンダーのカップルのほかにも、同性カップルによるステップファミリー（再婚によるかぞく）など、多様なかぞくが増えています。

権利フォビアが存在する？

アメリカでは、同性婚が認められる直前の調査（ニュースチャンネルＣＮＮによる）で57％が賛成という結果でした。日本の統計（「ＬＧＢＴＱ＋２０２０」電通）では、同性婚に賛成が82・2％、若い人になればなるほど賛成が多く、20〜30代の賛成は非常に多いのです。それにもかかわらず、同性婚が実現しないのは不自然です。では、なにが反対勢力になっているのでしょうか。

「それは、ホモフォビア（同性愛嫌悪）よりも、権利フォビアが大きいのではないか。

日本では、人に寄り添うことや思いやりを非常に大切にするけれど、それが『権利の主張』となった途端に、抵抗感が出てしまう」と森さんは考えています。権利フォビアとは、権利を主張することへの恐怖、それを否定する気持ちです。

日本社会は同調圧力のためか「権利を求めること」に対するフォビア（恐怖心、嫌悪感）が強いということです。たしかに、既存のしくみは「法律で決まっていて、そういうものだから、それは仕方がない。それに従うしかない」と思う傾向があるのかもしれません。「法律で決まっているのだから、仕方がない」というあきらめの意識が先行する社会には、明るい未来が見えてこないのではないかと森さんは感じています。

日本の学校では、憲法や法律について社会科や公民の授業で学んだ後、テスト問題を解くために勉強しても、自分の生活に影響のあるものとして、学ぶことなく終わってしまうため、憲法や法律が身近なものにならないのではないでしょうか。わたしもそんなひとりでしたが、アメリカの高校に留学したときには、選挙について実践的に学ぶ機会がありました。授業では、教師が各候補者の政策や考えを黒板に書き、皆で話し合い、その1週間後にある選挙結果を予想するというものでした。この授業で候補者の政策や考えについて、知ることがだいじであり、またそれについて、自分の意見を考えることの必要性にも気づきました。

「日本で、同性婚に強く反対している人が、果たしてどれほどいるのだろうか。多様な社会や同性婚に寛容でないグループにも働きかけていく必要があります。同性婚反対の国会議員にも、『同性婚に賛成する人が、数多く存在する』ことを知らせ、『同性婚に対して否定的な態度をとっていたら、投票してもらえない』というように、有権者の声を届けられるようになればと思っています」と森さんは言います。

これは同性婚のことに限らず、日本のどこにいる人でも、海外にいる人でも、自分の選挙区の議員に、その当事者であろうがなかろうが、自分の思い、メッセージを届けていく、そのような行動が変化につながるのだと森さんは考えています。

ＬＧＢＴＱ＋について、子どもに話すときには、「個人として尊重される社会」の意味も同時に伝えてほしいと森さんは言います。子どもたちが、ひとりの人間として他者を尊重すると同時に、自分自身も尊重することの重要性を知ることによって、いじめや自死の防止にもつながるのではないかとわたし自身も気づかされました。

「法律と生活」のつながり

森さんは、同じ志を持つ人とともに、パートナーシップ制度の実現のために行動しました。市の人に要請したり、市議会に陳情したり、森さんの仲間のはたらきもあってパートナーシップ制度が導入されたのです。自分自身が関わることで、社会のしくみや制度が変化していくプロセスを、森さんと仲間は経験しました。

「同性婚はもちろん実現してほしいと思っていますが、不条理なことに対して声を上げ、それを変える経験をすることが、日本にとってなによりも大切だと思っています。それが、この訴訟の弁護団をしている理由のひとつです。相手が同性という理由で結婚の道が閉ざされるのは、不平等と考える人たちと一緒に『おかしいと思うことを変える経験』をしたい。一緒に行動する人が増えてほしいです。誰にでも平等に、結婚の自由のある日本になるための、大きな力になると思います」と森さんは言います。

ある法律に反対するデモにわたしが参加した経験を森さんに話しました。その反対運動は盛り上がったものの、当時の政府は市民の声を無視し、その法律を成立させました。わたしはショックのあまり、「デモに参加したことは無駄だったかもしれないと思った」と伝えると、森さんは「でも、言わなければどんどん無視されてしまう。

なかなか実を結ばなくても、声を上げていくことが大切です。たとえば、約30年前から日本で声が上がってきた『選択的夫婦別姓制度』への理解も少しずつ進みつつあるし、言わなければ、ずっと変わらないままです」。

法律には、距離を感じる人が多いかもしれませんが、たとえば、「校則」は誰もが知っているルールでしょう。「厳しい校則は、昔の話という印象でしたが、最近では、以前よりも理不尽と思えるような校則があります。しかし、生徒は反発せず、押しつけられたままになりがちです。校則は『決まったルール』だから、それに従うのは当然と思わせられているからでしょうか。ある学校の『下着の校則』は、色までチェックをするんですよ」という森さんの話に、わたしは思わず「ええっ、そんな校則があるのですか。信じられません」とおどろいてしまいました。

「そうなのです。10代の頃から、そのような不条理なルールを押しつけられて、それを受け入れた生活を送らざるをえなくなると、『これは、おかしいから変えましょう』という発想にならないかもしれません。もちろん、声を上げて、なにかを変えていくことは大変ですが、筋の通らない校則など、身近なことから『これは、おかしいのではないか』と気づくことが重要です。ＬＧＢＴＱ＋の研修のなかで、もうひとつ伝えたいのは『思いやり』と『もめたくないから我慢すること』とは違うということです。『人ともめたとしても、守るべきものがある。大勢とは違う意見を持ってもいい。たった1人の意見だとしても、尊重すべきである』という考え方、そういったことを、きちんと学んでほしい」と森さんは言います。

幼い頃から、決められた規則に従うことが当然の日常を過ごしていて、大人になって急に「社会の不平等や不条理を変えていく行動の変化」は起きにくいのではないでしょうか。日本人の美徳とされる「人に迷惑をかけてはいけない。ルールには従わなくてはならない」という考えは、よい面もある一方、ルールが理不尽な場合にも「それが、ルールである以上、それを守ることが大人として正しい姿」とする風潮が、日本社会にあることにも気づく必要があるでしょう。

ひとりひとりが社会の不平等に声を上げること、自分ができることを積み重ねていくことによって、「誰もが選択の自由を持てる社会」、「誰にも平等にチャンスが与えられる社会」につながっていくことを、森さんは教えてくれました。

アライの存在、誰もがアライになれる

「LGBTQ＋はどう考えても人数は少ないので、それ以外の人が『自分には関係ないことだから、どちらでもいいよね』ではなく、『皆が平等に選べることは大切だよね。いろいろな選択肢があっていいよね』とマイノリティの人たちが抱える問題を、自分のこととする人が増えていってほしいです」と森さんは言います。

マジョリティのなかにLGBTQ＋当事者の味方、アライが存在することは世論を動かすことにもつながります。アライが増えることによって、同性婚の法制化が実現すれば、LGBTQ＋の生きづらさもなくなっていくのではないでしょうか。

2020年、アメリカで起こったBLM運動の注目すべき点は、黒人だけではなく、白人、ヒスパニック系、アジア系の人たちも声を上げた抗議行動であったことです。なぜなら、これまでの黒人差別に対する抗議は、黒人だけが声を上げていたからです。しかし、この運動は黒人だけでなく、白人をはじめ、多くのほかの人種も加わり、コロナ禍にもかかわらず大きなムーブメントとなりました。このように他人ごとではなく、もし自分が差別される側だったらどうだろうと想像力をはたらかせ、行動にうつすことが、社会を変えていくのではないでしょうか。

だいじなのは「個人として尊重されること、そのために国民主権という手段もあるということ」と森さんは言います。憲法を守らなければならないのは国民と誤った理解をしている人が多いと聞きます。憲法を守るべきなのは国家であり、憲法は国家権力をしばるためにあると認識するのもだいじなことでしょう。

また、法律ができるプロセスについて知ることも重要です。国会は、わたしたちが従わなければならない法律がつくられる場です。国会は、国会議員で構成され、国民の声を届けます。国会議員は、ひとりひとりの投票によって選ばれます。選挙は自分の意思を表現するだいじな機会なのです。現在は、当然とされている男女平等の選挙権も、1946年までは、日本の女性には与えられていませんでした。アメリカでも1920年、英国では1928年、フランスでも1944年になって初めて女性に選挙権が与えられたのです。女性が選挙権を手にしたのはつい最近のできごとなのです。

異性同士なら婚姻届が受理されるのに、同性同士では受理されない不平等は、男性には選挙権があるのに、女性にはないという過去の不平等に重なります。ひとりひとりの思いが行動になり、女性の参政権を獲得した歴史をみれば、現代に生きるわたしたちも、不平等な法律を変え、誰もが生きやすい社会をつくっていけるのではないでしょうか。

「弁護団のなかにも当事者もアライもいます。カミングアウトをしている人も、していない人もいます。実現したいことが同じですから。あの人は当事者で、あの人はアライということよりも、一緒になにができるかが、だいじなこと」と森さんは考えています。

おわりに

この本が映画だったら、エンドロールに、ロックバンドRADWIMPSの「正解」を流して終わりにしたいところです。自分なりのこたえをさがしていくプロセスが人生なのでしょう。長く生きて経験を重ね、自分の過去をふり返り、少しずつわかってくることもあります。それは、歴史から学ぶことと同じです。

ヨーロッパ史のなかで、ナチスドイツのヒトラーは、ドイツ経済の破綻をユダヤ人のせいだ、ユダヤ人がいなくなれば解決すると主張し、合法的な選挙で首相となり、独裁者となりました。このときユダヤ人のほか、多くの同性愛者も犠牲となりました。ヒトラーが「多数決」の選挙で選ばれたことを、ヨーロッパの人々は大きな過ちとし、それを繰り返さない意識がうまれたといいます。このことは、数量だけで物事を決めることには危険がともなうと、わたしたちに教えてくれます。多数派はそれだけで力を持つのですから、少数派の意見や社会的に弱い立場の人の言葉に耳をかたむけることは、とても重要なことです。

また、こたえをみつけるときに役立つのが「気づき」です。「差別はよくない」と学校や家庭で学んでも、いっこうに差別がなくならない理由のひとつは、差別を受けていない人たちが、自分は社会や法律によって「特別扱いされている」と気づかないからです。たとえば、社会の制度として女性より高い給与を得る男性や、なんの障害もなく結婚できる異性愛者は「特別扱い」されているのです。特別扱いがあるということは、平等でない証拠です。社会構造によって与えられた「特別扱い」に気づき、その不公平を変えていく行動もだいじではないでしょうか。

アライとして知っておきたいのが「マイクロアグレッション」という概念です。日本語では「小さな攻撃性」と訳され「無自覚な差別言動」を意味します。無意識に「条件つき」で相手を肯定したり、無自覚に他者を攻撃したりする行為です。

たとえば、カミングアウトされたときに「いいじゃない。女同士なら、きれいだよね」、「ゲイだから、センスあるよね」、「トランスジェンダーの人だから、女の気持ちも、男の気持ちもわかるでしょ」というように、一見、ほめ言葉のようでも、言われた方が不快な気持ちになる発言です。

女性に対して「彼氏いるの?」、男性ならば「彼女いるの?」と無自覚にたずねることも、LGBTQ+の存在を無視していることになります。それが蚊に刺されるような小さなことだったとしても、何回も刺されることを想像してみてください。その小さな差別行動は相手を非常に苦しめることになります。

「ゲイだから、レズビアンだから」ということではなく、ひとりの人間として相手をみるようにできたらいいですね。性的マイノリティだけでなく、「女性だから、料理ができる」「関西出身だから、おもしろい」「男子だから、理系でしょ」など、決めつけ、わかった気になる言葉は人を傷つけます。肯定しているようで、自分たちとは違うと分けようとする気持ちも感じられます。相手を決めつける気持ちの背後にあるのは「不安」です。その不安を回避するために、少しの情報で相手を分類し、わかった気になり、自分を安心させるのです。

とはいえ、口にした言葉が、相手を傷つけてしまうかもしれないと気にしすぎると、声をかけることさえ難しく感じてしまい、なかなかよい人間関係をつくれません。「わたしの言ったことでイヤな思いをしてない？」「この言い方は変えてくれたら、うれしいな」「言ってくれてありがとう」と本音トークのできる関係になれたらいいですよね。中立的な言葉でも人を傷つけることはあります。どんな言葉も、使う人の意識次第で、マイクロアグレッションになりうることも心にとどめておきたいものです。

わたしが、2018年からアメリカと日本で性的マイノリティの人たちと出会い、取材しはじめてから4年が過ぎました。その間、日本でも「LGBTQ＋」という言葉をより多くの人が知るようになりました。

この言葉は、当事者が自分自身を中立的に語る用語として、欧米でうまれました。この言葉によって性的マイノリティの存在が可視化されたというメリットもありますが、その一方「LGBTQ＋の人」というように、ひとまとめにするデメリットもあります。ゲイのなかでも、ドラァグクイーンは少数派ですし、たとえ当事者同士であっても「自分のからだに違和感を持つトランスジェンダーのつらい気持ちは本当にはわからない」というバイセクシュアルの人の話を聞いたこともあります。LGBT

Q＋は非常に多様な存在です。

最後に、LGBTQ＋と強い結びつきのある「PRIDE」（プライド）について考えてみましょう。東京レインボープライド（TRP）にもあるように、LGBTQ＋のことを調べると「プライド」という言葉がよく出てきます。ここでいう「プライド」とは「人と比べるのではなく、ありのままの自分であることにたいする誇り、自尊心」です。これは、LGBTQ＋の人だけでなく、誰にとってもたいじなものですね。

もし誰かに「あなたは、やさしい人だよね」と言われたら、どう受け止めますか？「自分のいいところをみつけてくれてうれしい」と受け止めるでしょうか、それとも「そんなはずはない」と否定的にとらえるでしょうか。日常生活で自分のプライドをゆるぎないものにしていくために、自分自身の選択を意識しましょう。それによって、いまも未来も変わります。そして、自分を好きになるのは難しいときでも、自分自身をだいじにしてください。なぜならあなたは、ほかに代わりのない「かけがえのないひとつのいのち」、そのものだからです。

LGBTQ＋の人たちのことを知れば知るほど、「自分らしく生きる」「なりたい自分になる」ことが、わたしたち全員にとって、だいじなことだとわかってきます。また、かぞくのかたちもそれぞれです。「多様性が認められ、平等で自由な社会」を目指すとき、ひとつだけの正解はありません。あきらめずに自分のこたえをさがしていきましょう。その先に、ＬＧＢＴＱ＋やアライといった言葉もなくなり、個人として尊重される社会ができていくのではないでしょうか。

参考文献

『ルポ　同性カップルの子どもたち――アメリカ「ゲイビーブーム」を追う』杉山麻里子、岩波書店、２０１６年
『真のダイバーシティをめざして――特権に無自覚なマジョリティのための社会的公正教育』ダイアン・Ｊ・グッドマン、出口真紀子・訳、上智大学出版、２０１７年
『はじめて学ぶＬＧＢＴ――基礎からトレンドまで』石田仁、ナツメ社、２０１９年
『ＬＧＢＴヒストリーブック――絶対に諦めなかった人々の100年の闘い』ジェローム・ポーレン、北丸雄二・訳、サウザンブックス社、２０１９年
『大人になる前に知る命のこと――心と体の変化・思春期・自分らしく生きる』加納尚美・編著、ぺりかん社、２０１９年
『人権教育への招待――ダイバーシティの未来をひらく』神村早織、森実・編著、解放出版社、２０１９年
『母ふたりで〝かぞく〟はじめました。』小野春、講談社、２０２０年
『３人で親になってみた――ママとパパ、ときどきゴンちゃん』杉山文野、毎日新聞出版、２０２１年

「知りたい」から「ALLY《アライ》になりたい」へ

「知らないことだらけ」、自称アライのわたしが、キャロルのことを知りたい、LGBTQ+のことを知りたいという思いから、この本は出発しました。アメリカではキャロルがガイドになり、すべてのインタビューの具体的なコーディネートをしてくれました。ジェイミーは、車で聴く曲や近所のカフェなど、その日常生活を通して、さりげなく多様性の素晴らしさを教えてくれました。

日本でもガイド役を引き受けつなげてくださった方々に、そしてわたしに気持ちを開いてインタビューに協力してくださった方々に、心より感謝申し上げます。30名を越える方が力を貸してくださり、アメリカでも日本でも、その人となりを話していただき、ここまでたどり着くことができました。そして、知りたいという思いは、徐々に「アライになりたい」という思いになっていきました。
わたしがアメリカで知った言葉、celebrate diversity は、ずっと心にある宝です。この言葉の意味は「多様性を称賛し、世に知らせる。多様性を認め、尊重し合う」。世界がグローバル化するなかでも、誰ひとりとして取り残さないための連帯、自由、平等は、これからの未来をつくるキーワードであり、その根底には「多様性を祝うこと」があります。ＬＧＢＴＱ＋の人たち、そのファミリーを知り、つながることは、人生をより豊かにしてくれると実感しています。

本のサブタイトルは、最後まで迷いました。実際にお話をうかがったのは、レズビアンとゲイのカップルやにじいろファミリーでしたが、「すべての性的マイノリティの方のアライになりたい」という思いを込めて、「ＬＧＢＴＱ＋」と記したことも受け止めていただけたら幸いです。またＬＧＢＴＱ＋という言葉は、かかえきれない多様性をなんとかまとめて、周知された言葉として使い、英語では LGBTQ+ people と尊敬を込めて使われているので、副題を「ＬＧＢＴＱ＋の人たち」としました。

この本の企画は、４年前、絵本作家の大友康夫さんとの会話から、一緒に習っていた太極拳教室の後、公園のベンチで生まれました。けれども、運命はときに残酷なものです。大友さんは1年余りの闘病生活の後、昨年の秋に帰天されました。最後まで、この本の行末を案じてくださいました。こうして出版されたいま、「よかったねぇ」と繰り返す声が、天国から聞こえてきます。

大友さんをはじめ、お連れ合いで絵本作家の名取知津さん、学生時代からの友人でライターの浜田久美子さん、七宝アーティストの平林明子さん、これまで関わりのあった生徒たちなど、多くの方々の励ましに、自称ライターとしての歩みを支えていただきました。

この初めての書き下ろしができるまでに、千葉美香さんから天野みかさんへのバトンタッチもあり、「ふたりのみかさん」が編集担当してくださいました。お世話になりました。わたしが絞り出した原稿に、天野さんが前向きな言葉をくださったことなど、すべてに深く感謝いたします。

本づくりにチャレンジする私の本気さを感じたときから、夫も、娘ふたりもずっと見守ってくれました。本当にありがとう。さらに、美術教育を専門とする娘のなおこが、この本のイラストを描くことになったのも、ありがたいサプライズでした。

思いは行動へとつながり、こうして一冊の本になりました。アライに近づけた気はしていますが、まだまだ視野がせまく、ひとりよがりの見方があるかと思います。このことも含めて、アライについて考えるきっかけとなれば、うれしいです。さらに、この本を読んでくださった方々の力を借りて、アライの輪がさざ波のように、ひろがっていくことをイメージしています。

2021年6月（プライド月間）ミニトマトが実った日に

小島あゆみ

小島あゆみ（こじまあゆみ）
東京都在住。高校時代にアメリカ東海岸ニューハンプシャー州の公立高校に1年交換留学。そのときに学んだことが人生のベースになる。横浜国立大学大学院（教育心理学専修）修了後、大学や研究所で臨床心理の仕事を経て、中学・高校で英語を教える。出産後、子育てと両立できる営業の仕事にもかかわり、現在は不登校の生徒に個別指導をしている。

ALLY《アライ》になりたい
——わたしが出会ったLGBTQ＋の人たち

2021年 9月24日　初版第1刷発行
2022年10月31日　　　第2刷発行

著　者　小島あゆみ

発行者　竹村正治
発行所　株式会社 かもがわ出版
〒602-8119　京都市上京区堀川通出水西入
TEL 075-432-2868　FAX 075-432-2869
振替　01010-5-12436
http://www.kamogawa.co.jp
印刷所　シナノ書籍印刷株式会社

ISBN978-4-7803-1186-0　C0036　Printed in Japan